First published in 2018 by
Clarity Media Ltd
www.clarity-media.co.uk

Puzzles created by Dan Moore
Design and layout by Amy Smith

About Clarity Media

Clarity Media are a leading provider of a huge range of puzzles for adults and children. For more information on our services, please visit us at www.pzle.co.uk. For information on purchasing puzzles for publication, visit us at www.clarity-media.co.uk

Puzzle Magazines

If you enjoy the puzzles in this book, then you may be interested in our puzzle magazines. We have a very large range of magazines that you can download and print yourself in PDF format at our Puzzle Magazine site. For more information, take a look at www.puzzle-magazine.com

Online Puzzles

If you prefer to play puzzles online, please take a look at the Puzzle Club website, at www.thepuzzleclub.com

We also have more puzzle books available at www.puzzle-book.co.uk

US PRESIDENTS

```
Y D E N N E K R I V Z I T I D
L I N C O L N E O N I X O N U
S A X A N H J W J A L L L A Y
Y M N E L O S O J G D R T T T
P S L E K E S H T A Q P R Z S
E P E J Y W V N T E C F O R D
P P R R E G A E H R R K O D U
A E T A L F N S L O V R S H Q
Z L H Y N R F I H C J P E O I
I B E S I E A E D I E L V O N
W S S H K T S M R R N J E V I
S S S S C R S E A S A G L E S
E T R U M A N T D B O H T R K
Y L P B T C L I N T O N U O O
F E M V P Z S I F U S R H O N
```

BUSH	JOHNSON
CARTER	KENNEDY
CLEVELAND	LINCOLN
CLINTON	MCKINLEY
EISENHOWER	NIXON
FORD	OBAMA
HARDING	REAGAN
HOOVER	ROOSEVELT
JACKSON	TRUMAN
JEFFERSON	WASHINGTON

SCIENTIFIC REVOLUTION

B	S	C	O	N	H	H	J	G	P	T	H	O	G	O
E	O	Y	T	E	I	C	O	S	L	A	Y	O	R	H
S	R	Y	M	R	U	M	H	G	E	R	P	Y	E	E
N	E	E	L	C	O	P	E	R	N	I	C	U	S	L
E	K	T	R	E	B	L	I	G	B	N	L	T	H	I
G	C	D	R	A	H	C	U	A	F	E	U	I	A	O
Y	N	B	G	A	L	I	L	E	O	W	T	R	M	C
U	U	A	C	P	C	N	W	R	K	T	L	S	C	E
H	O	Y	L	A	W	S	O	F	M	O	T	I	O	N
A	R	E	L	P	E	K	E	C	T	N	O	T	L	T
R	B	L	P	I	K	O	S	D	A	V	O	H	L	R
V	S	L	U	N	V	E	K	T	L	B	U	I	E	I
E	V	A	O	L	V	B	B	L	M	M	V	I	G	S
Y	S	H	U	M	S	I	C	I	R	I	P	M	E	M
R	N	Y	H	D	S	X	X	R	Y	C	Q	Z	A	R

BACON

BOYLE

BROUNCKER

COPERNICUS

DESCARTES

EMPIRICISM

FAUCHARD

GALILEO

GILBERT

GRESHAM COLLEGE

HALLEY

HARVEY

HELIOCENTRISM

HOOKE

HUYGENS

KEPLER

LAWS OF MOTION

NEWTON

PAPIN

ROYAL SOCIETY

VIKINGS

E	R	I	K	T	H	E	R	E	D	W	P	H	I	I
E	G	C	E	S	G	A	B	B	U	A	A	S	V	P
R	R	D	D	K	R	B	S	Y	H	L	B	C	A	E
A	L	I	I	O	D	P	S	S	B	E	Y	A	R	R
Z	A	Z	C	R	U	E	E	E	E	N	M	N	T	R
R	R	D	A	B	B	V	R	S	Y	A	R	D	H	R
Z	I	K	H	D	L	D	T	L	R	D	A	I	E	T
T	A	I	A	O	I	O	R	Q	O	T	N	N	B	L
U	I	V	L	L	N	S	O	O	O	X	E	A	O	I
D	S	R	F	R	I	U	F	D	F	U	H	V	N	R
N	A	O	D	A	A	E	G	T	A	M	T	I	E	T
O	T	J	A	N	U	T	N	A	R	X	A	A	L	Q
R	L	O	N	G	S	H	I	P	S	I	E	T	E	U
S	E	A	F	A	R	E	R	S	O	C	H	N	S	M
E	W	M	U	R	H	T	U	G	A	S	P	K	S	E

BAGSECG

DANELAW

DUBLINIA

ERIC BLOODAXE

ERIK THE RED

GUTHRUM

HALBERD

HALFDAN

HEATHEN ARMY

IVAR THE BONELESS

JORVIK

LONGSHIP

NORSE

RAGNAR LODBROK

RAIDS

RING FORTRESS

SCANDINAVIA

SEAFARERS

STAMFORD BRIDGE

UBBA

TITANIC

```
H  T  I  M  S  D  R  A  W  D  E  S  T  R  Y
J  I  T  O  N  O  T  P  M  A  H  T  U  O  S
P  T  C  I  W  T  G  M  U  R  D  O  C  H  W
M  A  H  R  H  L  S  R  X  S  B  I  C  A  N
O  N  E  P  I  X  X  S  E  R  A  O  T  Y  A
R  I  R  A  T  R  A  A  A  B  B  R  U  R  I
G  C  B  C  E  Q  S  H  S  H  E  O  A  A  N
A  Q  O  I  S  R  T  C  W  R  E  C  K  Z  R
N  U  U  D  T  S  T  A  O  B  E  F  I  L  O
H  A  R  L  A  N  D  A  N  D  W  O  L  F  F
A  R  G  F  R  G  I  W  I  N  S  L  E  T  I
I  T  L  L  A  I  H  T  A  P  R  A  C  L
R  E  M  A  I  D  E  N  V  O  Y  A  G  E  A
B  R  C  S  N  Z  N  E  W  Y  O  R  K  P  C
J  Y  N  A  E  C  O  C  I  T  N  A  L  T  A
```

ATLANTIC OCEAN	J P MORGAN
BELFAST HARBOUR	LIFEBOATS
CALIFORNIAN	MAIDEN VOYAGE
CARPATHIA	MURDOCH
CHERBOURG	NEW YORK
COBH	SOUTHAMPTON
DICAPRIO	TITANIC QUARTER
EDWARD SMITH	WHITE STAR LINE
HARLAND AND WOLFF	WINSLET
ICEBERG	WRECK

ANCIENT EGYPT

```
R A R A M E S S E S R X F H L
K N A F M E I W I S I S M I W
O A R O S E T T A S T O N E A
A X T K J A N P R T E B U R D
N R N O C R A H X R M E M O J
U T S I K T Q I O E P K A G O
B H O I H A U N S T L N H L C
I E E T N P Y S L K E I K Y K
S M L T W O S M P F O P N P A
W U U K P E E T E E F K A H O
V M X M T L R R A L H R T S O
T M O W A C T S R E O S U T A
P Y R A M I D S R H R T T E F
E P R P T S R W R E U G P A S
Y O S I R I S C S W S K B K H
```

AMENHOTEP	NEFERTITI
ANUBIS	NILE
ARSINOE	OSIRIS
CLEOPATRA	PTOLEMY
GREAT SPHINX	PYRAMIDS
HATSHEPSUT	RAMESSES
HIEROGLYPHS	ROSETTA STONE
ISIS	SOBEK
LUXOR	TEMPLE OF HORUS
MUMMY	TUTANKHAMUN

OLYMPIC GAMES

R	O	D	Z	B	E	R	L	I	N	T	Y	T	V	O
S	S	O	U	A	T	N	A	L	T	A	O	L	E	T
O	C	Y	B	A	R	C	E	L	O	N	A	S	L	P
G	I	I	D	Z	O	R	R	R	S	I	R	A	P	A
W	P	L	A	N	M	T	T	I	Z	T	M	Y	J	K
O	M	U	O	G	E	D	N	O	O	R	O	S	K	T
B	Y	O	A	N	L	Y	O	D	L	E	G	K	G	P
Z	L	E	S	I	D	Y	M	E	Y	B	X	R	Y	S
A	A	S	W	J	E	O	E	J	M	U	A	P	K	O
P	R	E	C	I	T	F	N	A	P	O	S	B	R	R
P	A	N	H	E	L	L	E	N	I	C	E	G	L	T
A	P	E	K	B	L	F	E	E	A	T	H	E	N	S
S	A	H	C	R	O	T	C	I	P	M	Y	L	O	T
A	N	C	I	E	N	T	G	R	E	E	C	E	X	G
A	S	R	N	K	R	T	B	O	T	H	S	B	D	K

ANCIENT GREECE
ATHENS
ATLANTA
BARCELONA
BEIJING
BERLIN
COUBERTIN
LONDON
MONTREAL
OLYMPIA

OLYMPIC TORCH
PANHELLENIC
PARALYMPICS
PARIS
RIO DE JANEIRO
ROME
SEOUL
SYDNEY
TOKYO
ZAPPAS

SOVIET UNION

```
I  T  M  I  P  A  P  S  T  A  L  I  N  G  A
U  R  R  D  V  K  N  T  S  O  N  S  A  L  G
S  O  N  F  B  S  H  G  G  R  S  U  L  Z  G
Z  M  A  I  K  E  M  R  Q  A  G  B  P  B  O
O  O  K  V  N  Y  C  E  U  U  L  A  S  R  R
V  D  I  E  A  E  R  A  S  S  L  U  O  E  B
T  O  O  Y  A  Z  L  T  R  C  H  C  G  Z  A
D  L  R  E  R  H  C  P  D  E  R  C  R  H  C
B  O  T  A  X  O  E  U  P  P  C  Z  H  N  H
G  H  S  R  U  V  S  R  A  R  R  A  C  E  E
P  S  E  P  S  W  W  G  T  P  S  Y  P  V  V
R  A  R  L  K  P  R  E  D  A  R  M  Y  S  A
M  U  E  A  S  T  E  R  N  B  L  O  C  C  L
A  O  P  N  I  R  A  G  A  G  A  B  M  A  R
P  N  I  S  T  L  E  Y  B  J  S  R  U  J  S
```

AUGUST COUP	HOLODOMOR
BREZHNEV	KHRUSHCHEV
EASTERN BLOC	LENIN
FIVE-YEAR PLANS	NKVD
GAGARIN	PERESTROIKA
GLASNOST	RED ARMY
GORBACHEV	SPACE RACE
GOSPLAN	STALIN
GREAT PURGE	YELTSIN
GULAG	YEZHOV

GILDED AGE

```
M N D G A S W A N V J N S U Y
L T L Q W P R F S I O I R T R
A H E K I M G R T D S A H C O
L O I S N U S A H N E W G W B
R M F B S W R N G E P T N A A
A A R E L G E C I W H K I G L
I S A N O U K E R Y K R N E F
L E G N W M A S L O E A I L O
R A S E H W E W I R P M M A S
O K E T O S R I V K P R L B T
A I M T M O B L I A L T A O H
D N A L E V E L C R E V O R G
S S J A R T H A P T R O C A I
B A Y W H B T R S C I N A P N
W O R C M I J D S R C W L Y K
```

BENNETT LAW

CIVIL RIGHTS

COAL MINING

FRANCES WILLARD

GROVER CLEVELAND

JAMES GARFIELD

JIM CROW

JOSEPH KEPPLER

KNIGHTS OF LABOR

MARK TWAIN

MUGWUMPS

NAWSA

NEW YORK ART

PANICS

RAILROADS

THE BREAKERS

THOMAS EAKINS

WAGE LABOR

WCTU

WINSLOW HOMER

VIJAYANAGARA EMPIRE

```
H  Z  S  V  P  P  E  V  C  S  F  O  S  F  K
A  U  O  A  G  H  O  R  E  S  H  W  A  R  A
Z  A  P  V  T  Q  D  Z  R  N  A  T  I  B  N
A  B  U  S  V  I  R  U  P  A  K  S  H  A  A
R  S  I  P  M  A  H  A  R  I  H  A  R  A  K
A  T  O  K  I  L  A  T  V  N  L  W  T  O  A
R  A  M  U  K  T  A  M  A  L  Y  A  D  A  D
A  Y  A  R  A  V  E  D  A  T  U  Y  H  C  A
M  I  P  E  O  I  E  O  J  L  S  Q  J  V  S
A  K  K  U  B  V  L  I  D  N  U  G  E  N  A
T  U  N  G  A  B  H  A  D  R  A  L  X  A  N
S  A  A  R  U  P  A  L  A  M  M  I  T  O  G
A  R  A  G  A  N  A  Y  A  J  I  V  R  R  A
V  Y  G  G  S  I  P  G  S  A  S  O  M  O  M
A  G  N  A  R  I  R  S  A  R  V  A  J  N  A
```

ACHYUTA DEVA RAYA	SANGAMA
AGHORESHWARA	SARVAJNA
AMUKTAMALYADA	SATI
ANEGUNDI	SRIRANGA
BUKKA	TALIKOTA
HAMPI	TIMMALAPURA
HARIHARA	TUNGABHADRA
HAZARA RAMA	VENKATA
KANAKA DASA	VIJAYANAGARA
KRISHNADEVARAYA	VIRUPAKSHA

THE EIGHTIES

K	A	V	E	C	N	I	R	P	W	D	L	R	V	M
C	E	X	L	I	T	S	A	A	H	D	R	E	I	E
A	K	M	T	V	R	E	T	R	I	U	T	C	J	M
P	L	G	T	O	O	N	G	U	T	R	H	T	W	B
T	I	E	U	J	J	O	A	H	N	A	P	X	U	E
A	T	O	H	N	Q	J	A	Z	E	N	S	E	G	R
R	Y	M	S	O	S	A	R	L	Y	D	R	C	J	S
B	T	K	E	B	P	N	J	T	H	U	E	N	D	O
O	A	L	C	G	A	A	R	B	O	R	D	A	I	N
O	E	A	A	T	C	I	J	O	U	A	N	D	A	L
M	R	W	P	K	M	D	G	O	S	N	E	H	E	Y
B	T	N	S	I	A	N	V	R	T	E	T	S	V	I
O	F	O	U	W	N	I	M	R	O	H	S	A	I	E
X	N	O	E	B	E	R	L	I	N	W	A	L	L	Y
Z	I	M	A	D	O	N	N	A	O	Y	E	F	O	W

BERLIN WALL
BON JOVI
BOOMBOX
BRAT PACK
DURAN DURAN
EASTENDERS
FLASHDANCE
GUNS N' ROSES
INDIANA JONES
INF TREATY

LIVE AID
MADONNA
MEMBERS ONLY
MICHAEL JACKSON
MOONWALK
MTV
PAC-MAN
PRINCE
SPACE SHUTTLE
WHITNEY HOUSTON

CULTURAL REVOLUTION

```
R  K  R  E  D  G  U  A  R  D  S  L  Z  Z  I
F  Z  C  I  V  I  L  W  A  R  H  S  I  H  A
M  R  O  T  S  Y  R  A  U  N  A  J  B  A  D
Z  G  M  M  A  O  Z  E  D  O  N  G  D  N  O
H  N  M  B  R  U  O  F  F  O  G  N  A  G  A
O  I  U  A  T  T  V  L  O  D  H  C  Z  C  I
U  P  N  A  U  Y  N  E  W  O  A  Y  U  H  B
E  O  I  G  N  I  Q  G  N  A  I  J  C  U  N
N  A  S  D  L  O  R  U  O  F  C  H  I  N  I
L  I  T  T  L  E  R  E  D  B  O  O  K  Q  L
A  X  P  P  U  O  R  G  N  A  M  E  V  I  F
I  G  A  D  O  B  N  E  H  C  M  B  E  A  A
U  N  R  A  I  Q  O  A  H  S  U  I  L  O  I
Y  E  T  U  W  A  N  G  H  O  N  G  W  E  N
U  D  Y  H  U  A  G  U  O  F  E  N  G  P  Q
```

CHEN BODA	LIN BIAO
CIVIL WAR	LITTLE RED BOOK
COMMUNIST PARTY	LIU SHAOQI
DENG XIAOPING	MAO ZEDONG
FIVE MAN GROUP	RED GUARDS
FOUR OLDS	SHANGHAI COMMUNE
GANG OF FOUR	WANG HONGWEN
HUA GUOFENG	YAO WENYUAN
JANUARY STORM	ZHANG CHUNQIAO
JIANG QING	ZHOU ENLAI

MEDIEVAL SCOTLAND

```
O S V I J O H N B A R B O U R
G T O A U L D A L L I A N C E
M E R S D U N N E C H T A I N
A I M S B N R U B R E T T O N
R T S S R E D N A X E L A L I
G S U E N O S S T O N E S W D
A L L P H O T O L B O O T H K
R R O B Z L M S R D A F G O C
E C A L L A W M A I L L I W A
T O N R U B K C O N N A B U L
R C S M L O C L A M B R H E B
L E A H C I M T A E R G M I N
S O B S W E R D N A T S T I W
R S D M A C B E T H D A V I D
G T N E R N A M O R M A E R L
```

ALEXANDER	MALCOLM
AULD ALLIANCE	MANRENT
BANNOCKBURN	MARGARET
BATTLE OF LARGS	MONS MEG
BLACK DINNER	MORMAER
DAVID	OTTERBURN
DUN NECHTAIN	ST. ANDREWS
GREAT MICHAEL	SUENO'S STONE
JOHN BARBOUR	TOLBOOTH
MACBETH	WILLIAM WALLACE

OTTOMAN EMPIRE

```
X  T  C  O  B  F  U  R  P  I  N  I  R  T  I
L  T  Y  U  T  N  S  E  D  I  R  N  E  T  O
W  F  R  N  C  A  A  S  C  U  U  F  R  A  A
N  S  S  R  N  M  X  O  I  L  S  B  N  M  E
A  U  E  E  S  S  P  T  J  F  A  Q  E  P  A
R  B  I  G  E  O  E  Y  F  R  P  Z  D  I  I
I  L  R  H  L  U  C  A  B  E  Y  L  I  K  I
D  I  A  I  I  D  R  A  G  U  T  V  M  A  A
L  M  S  K  M  U  R  A  D  A  N  O  N  Z  M
A  E  S  P  G  O  T  N  A  P  E  L  A  E  R
H  P  I  I  S  U  L  E  I  M  A  N  T  V  Z
C  O  N  S  T  A  N  T  I  N  O  P  L  E  X
G  R  A  N  D  V  I  Z  I  E  R  U  U  R  G
G  T  J  B  R  C  T  B  R  Y  R  B  S  P  U
D  E  M  H  E  M  G  A  Z  Y  I  L  I  X  F
```

BARBAROSSA	MEHMED
BEYLIK	MURAD
BURSA	NEDIM
CHALDIRAN	NICOPOLIS
CONSTANTINOPLE	OSMAN
DRAGUT	PREVEZA
EDIRNE	SELIM
GRAND VIZIER	SUBLIME PORTE
JANISSARIES	SULEIMAN
LEPANTO	SULTAN

ITALIAN RENAISSANCE

```
R A L O R A N O V A S L S Z S
A J X O A I G R O B W O I V D
O N A I Z I L O P A L I S E N
U G U C E Z K F L E T R T S A
I C N I V A D S G I A C I P G
L B O D T S U N T P A I N U A
O P Y E P B A I H B A E E C Z
I A A M M L A A O A A L C C N
V W Z U E N E T G J U I H I O
O N L H Q L P J P I L L A E G
L O C E N S F O R Z A A P H Q
C I O L L E T A N O D G E W S
M Y S M A C H I A V E L L I G
P I T O R R A N O U B S P S K
P P R R L I L L E C I T T O B
```

BORGIA	MACHIAVELLI
BOTTICELLI	MEDICI
BUONARROTI	MICHELANGELO
CABOT	POLIZIANO
CLOVIO	RAPHAEL
COLUMBUS	SAVONAROLA
DA VINCI	SFORZA
DONATELLO	SISTINE CHAPEL
GALILEI	TITIAN
GONZAGA	VESPUCCI

THE FIFTIES

```
Y  B  J  E  Y  E  Q  E  K  I  N  T  U  P  S
N  H  O  L  E  O  L  L  F  F  R  A  T  I  K
R  A  F  T  L  R  N  I  I  U  O  W  S  X  O
O  R  R  S  S  N  O  Z  D  R  I  L  A  A  R
C  D  A  A  E  O  I  A  E  W  D  E  L  S  E
K  B  N  C  R  M  S  B  L  T  N  N  N  I  A
A  O  K  N  P  N  I  E  C  V  A  A  A  S  N
B  P  S  O  S  Y  V  T  A  L  I  H  E  I  W
I  O  I  I  I  L  E  H  S  S  T  C  D  R  A
L  W  N  T  V  I  L  T  T  B  S  O  S  C  R
L  O  A  A  L  R  E  A  R  G  I  C  E  Z  R
Y  O  T  R  E  A  T  Y  O  F  R  O  M  E  S
T  D  R  E  R  M  Z  L  I  G  H  C  A  U  Z
T  R  A  P  O  P  L  O  G  R  C  A  J  S  T
T  S  K  O  A  Y  R  R  E  B  K  C  U  H  C
```

CHRISTIAN DIOR	KOREAN WAR
CHUCK BERRY	MARILYN MONROE
COCO CHANEL	NASA
DOO-WOP	OPERATION CASTLE
ELIZABETH TAYLOR	POP ART
ELVIS PRESLEY	ROCKABILLY
FIDEL CASTRO	SPUTNIK
FRANK SINATRA	SUEZ CRISIS
HARD BOP	TELEVISION
JAMES DEAN	TREATY OF ROME

RULING DYNASTIES

```
R  T  O  A  T  V  L  Z  H  M  U  R  J  U  U
T  T  R  Q  B  W  L  E  D  N  A  A  S  P  L
A  A  O  Z  T  C  I  W  S  J  G  R  V  A  W
L  H  D  N  E  H  R  E  V  O  N  N  A  H  P
Q  E  U  D  N  S  K  T  U  S  U  T  L  L  S
N  M  T  S  E  S  A  V  J  E  A  R  O  A  Q
W  A  C  S  G  M  H  V  B  O  B  Z  I  V  S
C  H  O  L  A  I  C  R  O  N  N  O  S  I  I
P  E  P  F  T  N  A  B  N  Y  O  G  T  H  V
S  M  W  A  N  G  C  H  U  C  K  U  A  J  S
B  A  G  R  A  T  I  O  N  I  R  F  A  B  E
N  K  A  N  L  C  G  R  U  B  S  B  A  H  Y
W  Q  Z  K  P  R  I  S  I  I  T  H  C  G  Z
Z  A  Y  Y  A  N  I  D  D  L  P  R  O  X  Y
A  O  O  Z  S  V  E  P  W  T  A  U  Q  W  F
```

BAGRATIONI	KONBAUNG
BRAGANZA	MING
CHAKRI	PAHLAVI
CHOLA	PLANTAGENET
HABSBURG	SAVOY
HAFSID	TUDOR
HANNOVER	VALOIS
ITURBIDE	WANGCHUCK
JOSEON	ZAYYANID
KAMEHAMEHA	ZOGU

AZTECS

```
L B Z I L L A U H O P H U I X
T H O Y C I A L T E P E T L Y
A E Q Q U E T Z A L C O A T L
C T M L L T O Z T I U H A H A
A E E P T G Z N C I R N R C P
Y Z X N L A X I T O A P L O M
A C I X O O O R T H A X M P A
X A C S Z C M C U Z R T T O N
A T O E T T H A A Q I H L L I
U L Z V L P T T Y U R M W I H
R I H A N L A X I O H R I Z C
A P L A N O C H E T R I S T E
C O M E T H U A U C L T C I L
C C I M O C T E Z U M A E U A
L A K E T E X C O C O E N H T
```

AHUITZOTL	MEXICO
ALTEPETL	MOCTEZUMA
AXAYACATL	NAHUATL
CHINAMPA	QUETZALCOATL
CIHUACOATL	TEMPLO MAYOR
CUAUHTEMOC	TENOCHTITLAN
HUITZILOPOCHTLI	TEZCATLIPOCA
ITZCOATL	TLALOC
LA NOCHE TRISTE	TZITZIMITL
LAKE TEXCOCO	XIUHPOHUALLI

TWENTIETH CENTURY IRELAND

A	D	A	M	S	H	C	N	Y	L	G	U	C	T	Q
E	L	U	R	E	M	O	H	A	R	B	P	Y	R	L
C	E	E	B	O	G	S	I	D	E	V	H	M	H	C
Y	L	L	M	L	N	Z	S	I	D	T	P	R	T	O
P	C	H	B	A	I	S	A	R	M	N	A	A	A	L
T	E	N	C	M	S	N	A	F	O	U	R	N	R	L
W	L	I	E	C	I	S	L	D	N	L	T	A	G	I
G	T	E	T	G	R	R	G	O	D	T	I	C	R	N
Y	I	F	A	U	R	S	T	O	C	D	T	I	I	S
X	C	N	T	I	E	E	W	G	T	K	I	L	F	U
R	T	N	S	N	T	T	M	D	R	R	O	B	F	U
K	I	I	E	N	S	U	M	E	R	A	N	U	I	D
A	G	S	E	E	A	P	E	F	E	P	A	P	T	H
B	E	T	R	S	E	A	Y	E	T	H	B	E	H	V
O	R	D	F	S	E	L	B	U	O	R	T	R	E	A

ADAMS

BOGSIDE

CELTIC TIGER

COLLINS

DUBLIN LOCK-OUT

EASTER RISING

FREE STATE

GOOD FRIDAY

GRIFFITH

HOME RULE

LEMASS

LYNCH

MCGUINNESS

PARTITION

REDMOND

REPUBLICAN ARMY

SINN FEIN

THE EMERGENCY

TRIMBLE

TROUBLES

QING DYNASTY

```
B G A E K D I E A R E R Q S F
T E N C I X I A O Z H U A N G
R E R E G N O G R O D Z X E G
T P D N H R E V O L U T I O N
U L A O W C G N I K E P D Y E
I K O A H C I Q G N A I L U H
T E H V T I H Z N U H S T A Z
S A C R E D E D I C T A O N G
T U R X T R O E S L K A N S N
Q I A N L O N G I S R E G H O
B W O I A T M A A A S A Z I Y
A A L I J I A T G N O H H K P
R A W L I V I C G N I P I A T
R I K Z K A N G Y O U W E I E
M F Q E C A L A P N E D K U M
```

AISIN GIORO	PEKING
CIXI	QIANLONG
DORGON	REVOLUTION
DUNGAN REVOLT	SACRED EDICT
HONG TAIJI	SHUNZHI
KANG YOUWEI	TAIPING CIVIL WAR
KANGXI	TONGZHI
LI ZICHENG	XIAOZHUANG
LIANG QICHAO	YONGZHENG
MUKDEN PALACE	YUAN SHIKAI

THE NINETIES

```
S R O C L I H C T O G A M A T
M P V L K S U P E E I H D G O
A M U R D S A L L C R P J R G
R E D R O D N A W A L Z U U U
I N T O L N A Y G P P U R N L
A I S G L E V S N S O C A G F
H N P E Y I R T I E W A S E W
C B I U T R I A K L E C S C A
A L C R H F N T N B R I I I R
R A E O E K R I O B S N C Z S
E C G S S Y G O I U Z A P E T
Y K I T H K Q N L H A T A U E
W S R A E P S Y E N T I R B O
Z H L R E I C O H P T T K S S
I U S S P M U G T S E R R O F
```

BRITNEY SPEARS	LAW AND ORDER
DOLLY THE SHEEP	MARIAH CAREY
EUROSTAR	MEN IN BLACK
FORREST GUMP	NIRVANA
FRIENDS	OASIS
GIRL POWER	PLAYSTATION
GRUNGE	SPICE GIRLS
GULF WAR	TAMAGOTCHI
HUBBLE SPACE	THE LION KING
JURASSIC PARK	TITANIC

FRENCH REVOLUTION

```
E  R  R  E  I  P  S  E  B  O  R  I  E  Z  E
N  T  E  S  N  I  L  U  O  M  S  E  D  A  S
I  E  T  R  A  P  A  N  O  B  I  I  G  S  Y
T  C  O  E  S  N  I  D  N  O  R  I  G  O  V
O  W  A  M  N  O  S  E  N  N  E  R  A  V  E
L  O  P  A  R  I  S  C  O  M  M  U  N  E  R
L  M  D  A  N  T  O  N  U  B  R  P  J  O  S
I  E  W  Q  S  U  T  T  E  L  J  J  X  R  A
U  N  D  L  S  T  A  A  N  S  L  C  N  O  I
G  S  T  B  A  I  T  A  R  A  M  O  S  R  L
E  M  B  A  S  T  I  L  L  E  E  Z  T  R  L
L  A  M  A  R  S  E  I  L  L  A  I  S  E  E
E  R  U  R  S  N  I  B  O  C  A  J  R  T  S
R  C  J  E  R  O  L  O  C  I  R  T  T  A  V
K  H  E  J  T  C  L  O  U  I  S  X  V  I  M
```

BASTILLE	MARAT
BONAPARTE	MARIE ANTOINETTE
CONSTITUTION	PARIS COMMUNE
DANTON	ROBESPIERRE
DESMOULINS	SANS-CULLOTES
GIRONDINS	TERROR
GUILLOTINE	TRICOLORE
JACOBINS	VARENNES
LA MARSEILLAISE	VERSAILLES
LOUIS XVI	WOMEN'S MARCH

ANCIENT ROME

```
R  R  H  Z  A  U  C  O  Z  V  O  B  Y  C  A
U  K  C  A  E  S  A  R  H  A  D  R  I  A  N
N  Q  O  Y  S  R  A  W  C  I  N  U  P  L  E
A  S  L  S  U  I  N  O  T  E  U  S  A  I  R
G  U  O  R  E  C  I  C  L  T  T  S  X  G  O
T  I  S  U  T  S  U  G  U  A  T  E  R  U  S
B  R  S  U  N  S  X  R  R  R  O  M  O  L  D
L  E  E  R  T  A  E  H  T  I  H  P  M  A  L
D  B  U  P  G  I  U  L  A  V  I  I  A  A  I
A  I  M  S  U  T  T  P  S  M  S  R  N  T  I
P  T  V  S  T  B  F  O  R  U  M  E  A  S  Q
I  D  C  O  T  L  L  A  C  I  L  I  S  A  B
Z  N  K  X  U  U  L  I  G  R  I  V  R  I  P
L  O  I  T  F  R  D  T  C  T  S  J  D  L  E
W  J  D  H  F  Z  G  J  O  Z  R  M  Q  T  G
```

AMPHITHEATRE	NERO
AUGUSTUS	OVID
BASILICA	PAX ROMANA
CAESAR	PUNIC WARS
CALIGULA	REPUBLIC
CICERO	SUETONIUS
COLOSSEUM	TIBERIUS
EMPIRE	TITUS
FORUM	TRIUMVIRATE
HADRIAN	VIRGIL

23

FAMOUS BATTLES

```
J G P E D H A S T I N G S R N
P E L E A D N E H C S S A P Z
Y T V G R L M O M A T O U R S
T T L P G E Y I Y M N B V A Z
M Y U U N Y A P D C O G V G T
F S U A I T V V O W S S H L A
B B N A L E A L E M A G U A G
B U E S A G L N A R R Y Z F I
O R D C T U C A N Z D E S A N
S G D Y S L A P L E U U H R C
W G O L K F L S P A N B N T O
O O L R E T A W F S M B D X U
R R F C I W B N U Y T E E U R
T T I U H Z U N R R Y Y I R T
H S S A T C E P L E B R M N G
```

AGINCOURT

BALACLAVA

BOSWORTH

EL ALAMEIN

FLODDEN

GAUGAMELA

GETTYSBURG

HASTINGS

LEYTE GULF

MIDWAY

PASSCHENDAELE

SHANGHAI

SOMME

STALINGRAD

TANNENBERG

THERMOPYLAE

TOURS

TRAFALGAR

VERDUN

WATERLOO

ROARING TWENTIES

```
L  I  N  D  Y  H  O  P  C  A  A  A  Y  F  Q
G  I  I  E  Y  A  E  R  H  M  U  R  A  L  P
E  N  H  U  N  E  Q  N  A  G  T  T  W  A  S
G  K  O  Q  O  O  N  A  R  W  P  D  A  P  H
A  W  R  R  I  U  T  S  L  Y  S  E  K  P  E
Z  O  A  A  T  X  L  S  I  A  F  C  A  E  M
Z  N  T  M  S  S  T  I  E  D  R  O  E  R  I
A  N  I  E  T  S  M  A  C  L  T  A  R  R  N
J  H  A  R  L  E  M  R  H  O  R  L  B  D  G
M  O  T  T  O  B  K  C  A  L  B  A  A  I  W
G  Y  S  A  E  K  A  E  P  S  I  G  H  W  A
F  I  T  Z  G  E  R  A  L  D  I  E  I  C  Y
P  R  O  H  I  B  I  T  I  O  N  U  R  O  D
S  E  I  T  N  E  W  T  N  E  D  L  O  G  L
N  O  I  T  A  R  E  N  E  G  T  S  O  L  R
```

ART DECO
BLACK BOTTOM
BREAKAWAY
CHARLESTON
CHARLIE CHAPLIN
FITZGERALD
FLAPPER
GOLDEN TWENTIES
HARLEM
HEMINGWAY

HENRY FORD
JAZZ AGE
LINDY HOP
LOST GENERATION
LOUIS ARMSTRONG
PROHIBITION
REMARQUE
SPEAKEASY
STEIN
WALT DISNEY

25

THE NOUGHTIES

```
R A K O O B E C A F A G X T A
S S M K E P E R A M S H R M V
Y T U D F O L L A C M E E S A
S B I I I T G B T D A R T Q T
R R D K L P O S P T I K T T A
Z O A U T O H T Y C L I O B R
Y H T W S R K O A Y L N P M O
Q W S T E C F N L S I B Y J T
S R Y K W L I T T E W U R E S
T O E N I D W E P M E I R J C
A T L S O I Z O S I I L A I D
D C B L T E P B W N B D H Z L
N O M T E C N O Y E B I P A A
N D E N I R R E J M O N F K C
R R W F X F A C T O R G R B E
```

AMERICAN IDOL

AVATAR

BEYONCE

CALL OF DUTY

CROP TOP

DOCTOR WHO

EMINEM

FACEBOOK

GHERKIN BUILDING

GLEE

HARRY POTTER

KUWTK

OBAMA

ROBBIE WILLIAMS

SHREK

TREATY OF LISBON

TWITTER

WEMBLEY STADIUM

WESTLIFE

X FACTOR

EDWARDIAN ERA

```
S  P  R  A  W  R  E  O  B  L  E  C  M  H  W
L  N  E  R  S  R  Y  P  U  O  R  I  Z  S  O
A  S  S  T  S  O  T  S  W  R  I  P  B  T  M
R  M  U  H  E  R  R  E  U  D  P  M  E  A  E
E  U  O  U  R  R  A  D  N  S  M  Y  A  R  N
B  I  H  R  D  I  P  W  I  A  E  L  T  T  S
I  D  M  B  E  M  R  A  O  L  H  O  R  N  S
L  A  I  A  I  Y  U  R  N  I  S  S  I  O  U
A  T  R  L  R  L  O  D  I  S  I  M  X  U  F
S  S  T  F  E  I  B  V  S  B  T  R  P  V  F
Q  T  N  O  G  A  A  I  T  U  I  A  O  E  R
U  A  A  U  N  D  L  I  S  R  R  J  T  A  A
I  E  E  R  I  T  F  B  D  Y  B  R  T  U  G
T  R  I  P  L  E  E  N  T  E  N  T  E  C  E
H  G  E  H  O  B  B  L  E  S  K  I  R  T  T
```

ANTRIM HOUSE	HOBBLE SKIRT
ART NOUVEAU	LABOUR PARTY
ARTHUR BALFOUR	LIBERALS
ASQUITH	LINGERIE DRESS
BEATRIX POTTER	LORD SALISBURY
BOER WAR	PETER PAN STATUE
BRITISH EMPIRE	RMS OLYMPIC
DAILY MIRROR	TRIPLE ENTENTE
EDWARD VII	UNIONISTS
GREAT STADIUM	WOMEN'S SUFFRAGE

THE ENLIGHTENMENT

B	O	L	L	R	K	L	L	E	U	L	T	B	I	D
S	E	L	T	P	A	G	A	N	O	S	I	D	A	M
F	T	C	A	R	T	N	O	C	L	A	I	C	O	S
U	T	M	C	B	C	S	K	Y	W	A	Z	A	E	M
A	A	O	A	A	M	E	R	C	O	R	L	P	A	I
K	S	N	C	E	R	O	T	L	B	L	A	D	L	T
G	Z	T	U	Q	P	I	P	O	T	I	F	I	R	H
P	Y	E	L	P	U	P	A	P	N	B	P	D	W	A
U	C	S	L	R	G	E	M	E	A	E	O	E	C	S
A	O	Q	E	O	O	S	V	D	K	R	R	R	L	S
P	J	U	N	G	R	E	R	I	A	T	L	O	V	O
I	A	I	A	R	H	U	M	E	L	Y	T	T	X	E
G	L	E	S	E	H	P	O	S	O	L	I	H	P	A
R	O	U	S	S	E	A	U	N	S	C	E	T	L	L
Y	S	L	L	S	A	T	L	K	F	A	Q	U	F	T

BECCARIA

CULLEN

DIDEROT

ENCYCLOPEDIE

HUME

KANT

LIBERTY

LOCKE

MADISON

MONTESQUIEU

PAGANO

PAINE

PHILOSOPHES

POMBAL

PROGRESS

ROUSSEAU

SMITH

SOCIAL CONTRACT

TOCQUEVILLE

VOLTAIRE

ROMANOVS

```
X P A M I K H A I L G N J Q T
A T I V A N I C H O L A S S J
T S A R S K O Y E S E L O I D
Q A R E V O L U T I O N A X L
S S T Q R O B O S Y K S M E Z
K B S S U G G I O I A T E L X
I X S T A T E D U M A H O A Y
V C P C C A T H E R I N E F Q
E C A L A P R E T N I W N I T
H T E B A Z I L E R K A O A R
S E L B U O R T F O E M I T T
L U S O C O N S T A N T I N E
O G R U B N I R E T A K E P I
B H N I T U P S A R S M I P A
A I S A T S A N A M O S C O W
```

ALEXIS	MOSCOW
ANASTASIA	NICHOLAS
ANNA	PETER THE GREAT
BOLSHEVIKS	RASPUTIN
CATHERINE	REVOLUTION
CONSTANTINE	STATE DUMA
EKATERINBURG	TIME OF TROUBLES
ELIZABETH	TSARSKOYE SELO
IVAN	WINTER PALACE
MIKHAIL	ZEMSKY SOBOR

29

PORTUGUESE EMPIRE

```
E  L  A  R  B  A  C  A  S  T  R  O  V  T  K
S  B  M  S  B  T  Y  V  P  Y  B  Y  O  C  A
F  T  A  S  E  D  N  U  G  A  F  R  B  S  Q
R  T  A  R  U  R  U  R  T  U  D  S  A  Z  L
A  E  V  N  T  X  A  T  S  E  L  I  D  E  E
F  S  A  F  G  O  L  V  S  R  S  L  I  B  X
A  J  S  A  M  E  L  I  L  B  R  V  E  B  O
M  I  C  C  O  E  L  O  T  A  C  E  M  U  I
O  C  O  F  U  L  N  O  M  R  R  I  L  C  Y
S  E  D  N  A  N  R  E  F  E  T  R  A  U  D
A  I  A  S  S  W  H  R  Z  O  U  A  E  S  S
U  J  G  A  N  D  R  A  D  E  R  D  D  R  N
O  M  A  G  E  L  L  A  N  E  S  T  I  O  E
N  B  M  X  A  I  R  A  G  R  E  B  L  A  I
A  L  A  L  B  U  Q  U  E  R  Q  U  E  P  S
```

A FAMOSA	CUNHA
ABREU	DE ALMEIDA
ALBERGARIA	DUARTE FERNANDES
ALBUQUERQUE	FAGUNDES
ALVARES	MAGELLAN
ANDRADE	MENEZES
BARTOLOMEU DIAS	SILVEIRA
BATTLE OF DIU	ST. ANGELO FORT
CABRAL	TORDESILLAS
CASTRO	VASCO DA GAMA

THE SEVENTIES

```
S  T  N  A  P  T  O  H  K  A  L  R  D  F  L
R  E  A  S  T  A  R  W  A  R  S  R  Z  P  U
J  E  A  P  I  N  K  F  L  O  Y  D  N  K  A
P  N  H  R  O  C  I  Y  G  C  Q  S  I  W  P
Y  O  N  C  S  I  D  T  R  K  H  U  L  A  Y
U  H  W  O  T  T  I  C  E  Y  B  S  E  T  E
J  P  S  S  I  A  O  B  A  H  M  W  P  E  C
M  E  T  O  I  S  H  W  S  O  T  J  P  R  N
U  L  J  L  P  M  I  T  E  R  O  G  E  G  A
F  I  X  A  S  R  M  V  A  R  D  E  Z  A  K
A  B  B  A  W  O  X  X  O  O  L  R  D  T  K
Y  O  U  T  H  S  U  F  F  R  A  G  E  E  T
O  M  F  A  G  L  A  M  R  O  C  K  L  T  U
Y  R  W  L  H  P  E  Y  R  K  D  I  S  C  O
U  K  U  I  C  P  L  A  T  F  O  R  M  S  C
```

ABBA	MOHAWK
ACDC	PINK FLOYD
DISCO	PLATFORMS
GLAM ROCK	QUEEN
GREASE	ROCKY HORROR
HOT PANTS	SEARS TOWER
JAWS	STAR WARS
LED ZEPPELIN	THATCHER
MICROVISION	WATERGATE
MOBILE PHONE	YOUTH SUFFRAGE

31

THE REFORMATION

```
S  P  T  B  B  P  L  U  T  H  E  R  E  A  I
R  M  A  U  U  R  X  O  N  K  D  A  M  N  A
U  S  C  G  G  E  L  T  O  M  I  I  T  A  T
Q  E  S  E  R  S  C  H  I  E  C  L  P  B  Z
R  T  N  N  E  B  R  U  G  L  T  A  O  A  E
G  N  A  H  M  Y  O  G  I  A  O  H  E  P  U
A  A  T  A  N  T  M  U  L  N  F  P  A  T  B
T  N  I  G  A  E  W  E  E  C  W  T  T  I  H
R  F  R  E  R  R  E  N  R  H  O  S  V  S  I
C  O  U  N  C  I  L  O  F  T  R  E  N  T  O
A  T  P  C  U  A  L  T  O  H  M  W  X  S  G
Z  C  W  R  O  N  R  S  S  O  S  V  S  O  P
P  I  L  G  R  I  M  S  R  N  Q  A  U  Y  F
I  D  L  R  R  S  A  C  A  L  V  I  N  D  H
Y  E  V  L  H  M  I  Z  W  I  N  G  L  I  F
```

ANABAPTISTS	HUGUENOTS
BUCER	KNOX
BUGENHAGEN	LUTHER
CALVIN	MELANCHTHON
COUNCIL OF TRENT	PILGRIMS
CRANMER	PRESBYTERIANISM
CROMWELL	PURITANS
EDICT OF NANTES	WARS OF RELIGION
EDICT OF WORMS	WESTPHALIA
FOXE	ZWINGLI

OLDEST UNIVERSITIES

S	T	O	G	L	S	L	T	P	R	D	E	J	P	E
A	T	A	R	E	C	A	M	R	J	B	V	U	S	U
N	V	L	E	S	G	S	V	C	A	O	I	A	Y	G
F	A	A	B	L	K	K	A	N	G	O	L	O	B	A
L	U	C	L	U	P	M	R	D	I	M	Y	X	L	R
O	R	L	E	L	B	U	B	O	E	E	I	F	O	P
R	W	A	D	R	A	U	M	P	L	I	Y	O	E	A
E	O	U	I	T	C	D	I	P	L	E	A	R	T	W
N	S	D	E	Y	N	S	O	C	O	Y	U	D	A	Z
C	G	A	H	A	A	M	C	L	N	G	A	A	R	R
E	Q	P	O	A	M	S	A	P	I	E	N	Z	A	N
V	I	E	N	N	A	R	D	A	A	D	X	K	R	R
D	J	T	T	O	L	A	X	L	N	M	F	Y	R	A
T	I	H	Z	A	A	I	V	A	P	E	J	X	E	M
E	A	N	E	I	S	D	P	Q	M	P	U	C	F	O

ALCALA	PADUA
BOLOGNA	PAVIA
CAMBRIDGE	PERUGIA
COIMBRA	PISA
FERRARA	PRAGUE
FLORENCE	SALAMANCA
HEIDELBERG	SAPIENZA
JAGIELLONIAN	SIENA
MACERATA	VALLADOLID
OXFORD	VIENNA

33

ANCIENT CITIES

```
S  I  G  P  R  S  R  M  T  O  E  R  Q  S  E
W  J  I  R  A  S  S  U  R  T  C  X  R  J  P
Y  A  B  J  T  H  I  T  D  K  P  Z  R  J  R
D  S  E  L  E  U  C  I  A  E  T  M  U  T  T
O  U  A  C  H  R  S  I  N  R  W  I  K  I  Q
M  S  H  D  K  O  U  U  A  S  P  A  A  R  F
N  E  A  O  S  T  E  S  T  V  E  N  Y  Z  A
M  B  M  D  T  L  W  L  A  I  R  A  M  A  S
S  E  N  P  M  T  P  N  B  L  S  H  B  H  A
F  H  O  P  H  Y  T  J  C  T  E  A  I  S  U
H  T  R  R  I  I  S  A  E  O  P  M  E  R  J
U  A  B  Q  O  P  S  H  R  L  O  A  Q  V  D
O  E  E  C  A  P  B  A  B  Y  L  O  N  O  K
S  Z  H  U  T  H  E  V  E  N  I  N  D  S  C
J  O  U  E  A  D  A  G  R  A  S  A  P  U  A
```

ANTIOCH	NINEVEH
ASSUR	PASARGADAE
BABYLON	PENUEL
ECBATANA	PERSEPOLIS
GIBEAH	SAMARIA
HEBRON	SELEUCIA
JERUSALEM	SHECHEM
MAHANAIM	SUSA
MEMPHIS	THEBES
MTSKHETA	TIRZAH

AMERICAN CIVIL WAR

```
L  W  I  L  D  E  R  N  E  S  S  Y  L  R  G
R  U  N  I  O  N  O  I  S  S  E  C  E  S  D
B  N  I  L  K  N  A  R  F  I  O  W  M  V  S
A  S  U  G  G  A  R  B  N  A  I  L  A  U  Y
L  M  A  T  E  I  T  N  A  L  Y  R  J  S  T
X  S  I  V  A  D  N  O  S  R  E  F  F  E  J
I  U  W  N  A  G  O  O  N  A  T  T  A  H  C
X  U  U  J  O  H  N  S  T  O  N  N  B  O  N
Q  F  O  R  T  S  U  M  T  E  R  Q  O  G  L
O  C  H  I  C  K  A  M  A  U  G  A  R  C  O
O  K  E  R  E  P  U  B  L  I  C  A  N  S  C
G  S  E  T  A  R  E  D  E  F  N  O  C  L  N
S  E  N  I  P  N  E  V  E  S  G  C  L  C  I
K  P  E  R  R  Y  V  I  L  L  E  V  P  I  L
T  N  A  R  G  E  T  T  Y  S  B  U  R  G  T
```

ANTIETAM	JEFFERSON DAVIS
BRAGG	JOHNSTON
CHATTANOOGA	LINCOLN
CHICKAMAUGA	PERRYVILLE
CONFEDERATES	REPUBLICANS
CONTRABAND	SECESSION
FORT SUMTER	SEVEN PINES
FRANKLIN	UNION
GETTYSBURG	WILDERNESS
GRANT	WILSON'S CREEK

THE SIXTIES

```
F  S  R  R  S  Y  T  R  I  K  S  I  N  I  M
T  J  T  O  E  D  S  P  A  C  E  R  A  C  E
U  E  E  H  L  W  T  E  J  B  G  J  L  X  M
L  M  P  C  G  L  O  F  L  L  E  O  Y  I  A
A  V  A  H  C  I  I  P  E  T  W  U  D  R  R
K  L  T  E  Y  I  R  N  R  L  A  R  B  D  Y
T  A  E  G  R  E  L  L  G  E  W  E  O  N  P
I  O  T  U  L  D  L  E  I  S  W  E  B  E  O
S  S  T  E  T  O  A  S  D  V  T  O  N  H  P
E  U  E  V  U  B  W  E  E  E  I  O  L  S  P
R  S  S  A  O  E  E  A  V  R  H  C  N  F  I
A  V  S  R  V  M  N  B  U  A  P  C  S  E  N
L  E  A  A  I  B  O  W  V  C  H  R  Y  O  S
F  Q  C  E  A  N  T  I  W  A  R  I  T  S  K
J  F  K  C  O  T  S  D  O  O  W  E  G  A  P
```

ANTIWAR	JFK
BEATLES	MARY POPPINS
BOB DYLAN	MINISKIRT
CASSETTE TAPE	NEW LEFT
CHE GUEVARA	PRESLEY
CIVIL RIGHTS	PSYCHEDELIC
FLARES	ROLLING STONES
FLOWER POWER	SPACE RACE
HENDRIX	STONEWALL RIOTS
I HAVE A DREAM	WOODSTOCK

RUSSIAN REVOLUTION

V	E	N	E	M	A	K	I	T	R	O	T	S	K	Y
V	J	S	P	C	M	L	G	U	C	H	K	O	V	M
V	Y	B	N	A	S	B	S	V	O	N	A	M	O	R
T	T	K	M	T	S	Q	U	Q	T	D	Z	M	K	A
B	O	L	S	H	E	V	I	K	S	R	I	O	I	D
R	N	E	A	N	S	C	H	E	K	A	N	K	N	E
M	E	N	S	H	E	V	I	K	S	U	O	R	L	R
A	U	O	W	C	H	R	L	E	X	G	V	A	O	D
R	N	I	L	A	T	S	E	E	Q	E	I	N	K	J
S	Y	A	D	Y	L	U	J	K	N	T	E	V	O	K
A	A	T	N	O	I	N	U	T	E	I	V	O	S	W
D	A	R	G	O	R	T	E	P	O	H	N	S	O	T
J	S	C	E	H	P	J	J	O	B	W	X	O	H	S
A	J	M	B	L	A	C	K	G	U	A	R	D	S	D
A	C	H	D	A	Z	O	T	I	J	L	D	F	W	R

APRIL THESES PETROGRAD
BLACK GUARDS RED ARMY
BOLSHEVIKS ROMANOVS
CHEKA SOKOLNIKOV
GUCHKOV SOVIET UNION
JULY DAYS SOVNARKOM
KAMENEV STALIN
KERENSKY TROTSKY
LENIN WHITE GUARD
MENSHEVIKS ZINOVIEV

VICTORIAN ERA

```
O E P N V R P O C P C I B A E
S S D M V L E I D L G R L G R
C R I N O L I N E L I W O O O
H E C A L A P L A T S Y R C H
I L E A R S I D I P Y C D F S
M G E Y T X S S E D R Y M M W
N J A C K T H E R I P P E R S
E X E N O E R A M M A A L S U
Y B Z N M U H E T N O R B B T
S D E P S E A S I D E M O E C
W R I K S N E K C I D U U E P
E R I I W S Y A W L I A R T I
E N F A L L E N W O M A N O D
P L R J W O R K H O U S E N S
L M S N I W R A D O E D L I W
```

BRITISH EMPIRE	GLADSTONE
BRONTE	HARDY
CHIMNEY SWEEP	JACK THE RIPPER
CRIMEAN WAR	LORD MELBOURNE
CRINOLINE	MRS BEETON
CRYSTAL PALACE	RAILWAYS
DARWIN	RUSKIN
DICKENS	SEASIDE
DISRAELI	WILDE
FALLEN WOMAN	WORKHOUSE

COLD WAR GERMANY

B	P	U	R	E	U	A	N	E	D	A	R	L	K	R
R	R	W	E	K	A	J	G	S	T	O	E	L	I	X
A	M	A	U	E	R	P	A	R	K	M	M	R	T	P
N	K	R	N	J	E	M	S	L	W	A	M	E	I	R
D	S	S	I	D	K	A	T	I	E	D	A	V	L	I
T	L	A	F	I	E	Q	A	H	S	S	K	B	O	S
E	D	W	I	K	N	N	R	K	T	T	S	E	P	O
H	R	P	C	S	O	F	B	G	G	O	K	R	T	D
A	U	A	A	W	H	T	E	U	E	P	L	L	S	I
M	L	C	T	O	Q	R	I	V	R	H	O	I	O	E
C	R	T	I	B	M	A	T	F	M	G	V	N	O	W
O	S	S	O	A	M	B	E	M	A	S	G	W	K	E
G	M	T	N	H	A	A	R	S	N	D	D	A	R	N
P	T	Y	O	C	L	N	T	F	Y	S	S	L	T	D
P	S	T	A	S	I	T	H	C	I	R	B	L	U	E

ADENAUER

BERLIN WALL

BRANDENBURG GATE

BRANDT

DIE WENDE

EAST GERMANY

GASTARBEITER

HONEKER

MAUERPARK

OSTPOLITIK

POTSDAM

REUNIFICATION

SCHABOWSKI

STASI

STOPH

TRABANT

ULBRICHT

VOLKSKAMMER

WARSAW PACT

WEST GERMANY

INCAS

```
L S Y R D V E D R R N V L Y R
P A C H A C U T I M L D J O F
T T A W A N T I N S U Y U C Z
S A P A I N C A I M O W H A E
U P A L L I U P A A S I S L K
P A C H A M A M A N N Q G L V
V M A C H U P I C C H U I I B
I C N L O X S A H O S C U A G
R U Y G M O P A C C H H Q L O
A S A C S A Y H U A M A N L P
C C U R C S I T P P D M A U S
O O H O U Y Q T K A X A P L S
C A C Y B I U L N C A M U L U
H H U M U Q A L L I W A Y H P
A T A H U A L P A U H C E U Q
```

APU ILLAPU
ATAHUALPA
CAPACOCHA
CHINCHAYSUYU
CUSCO
HUAYNA CAPAC
INTI
LLULLAILLACO
MACHU PICCHU
MANCO CAPAC

PACHACUTI
PACHAMAMA
QUCHAMAMA
QUECHUA
SACSAYHUAMAN
SAPA INCA
TAWANTINSUYU
VIRACOCHA
WILLAQ UMU
YUPANQUI

CHARLEMAGNE

```
P  T  S  W  Y  E  R  I  P  M  E  G  E  T  Q
S  L  O  R  S  C  H  G  O  S  P  E  L  S  L
D  C  T  N  E  H  C  A  A  R  C  I  I  C  D
O  K  C  Y  L  A  K  A  X  N  I  P  E  P  P
Q  K  A  D  H  R  O  D  R  A  G  T  I  U  L
A  A  R  R  I  L  L  D  N  I  K  U  D  I  W
I  M  L  A  L  E  F  E  R  G  Y  P  C  E  B
R  O  O  B  D  S  A  X  O  N  W  A  R  S  K
A  R  M  M  E  T  S  V  A  I  C  N  A  R  F
V  F  A  O  G  H  V  C  O  L  I  F  B  E  W
A  O  N  L  A  E  S  N  H  O  T  I  V  G  U
B  H  R  I  R  B  A  D  A  R  T  S  A  F  I
M  U  L  D  D  A  J  P  E  A  E  T  U  R  F
S  J  E  R  C  L  R  O  D  C  S  I  U  O  L
L  N  M  I  D  D  L  E  A  G  E  S  N  F  S
```

AACHEN	LEO III
BAVARIA	LOMBARDY
CARLOMAN	LORSCH GOSPELS
CAROLINGIAN	LOUIS
CHARLES THE BALD	LUITGARD
EMPIRE	MIDDLE AGES
FASTRADA	PEPIN
FRANCIA	SAXON WARS
HILDEGARD	VERDEN
KARLSSCHREIN	WIDUKIND

SPANISH CIVIL WAR

```
S C H I R P Z T C S R S E U N
U A G F A L A N G I S T S T B
P R I M O D E R I V E R A E I
E L O J J S S H E D I L L A G
U I T E R U E L N S F C L U O
H S Q K U A R B I O H E E A F
E T D R J A A O N I M R N C M
C S R B N D D S T O N J A S P
M I A J A N I E H I B B B E K
F Y O J S S A I C J A R A M A
D R O K T A S A W L N U C T A
T Z A S W L O U L B Z N X V Z
F I G N L O T E I R P E I E D
O J S Z C M R X E H R T Y P T
A L X I S O R I E T S E B J T
```

ALFONSISTS	FRANCO
BADAJOZ	GUERNICA
BELCHITE	HEDILLA
BESTEIRO	JARAMA
BRUNETE	MIAJA
CABALLERO	MOLA
CABANELLAS	PRIETO
CARLISTS	PRIMO DE RIVERA
CEDA	SANJURJO
FALANGISTS	TERUEL

ANCIENT GREECE

R	C	Y	Z	E	Z	R	H	C	R	A	T	U	L	P
T	H	T	X	J	K	S	E	U	L	A	W	M	S	H
J	S	I	L	O	P	O	R	C	A	N	E	P	I	A
H	A	H	T	M	S	O	P	H	O	C	L	E	S	T
G	R	P	U	V	I	O	M	L	X	P	V	S	R	H
T	O	L	Y	M	P	I	C	G	A	M	E	S	E	E
E	G	E	H	S	D	E	U	R	A	D	O	L	D	N
S	A	D	R	E	D	A	T	O	T	A	L	P	N	S
I	H	D	D	P	R	H	H	K	O	E	Y	Y	A	U
S	T	V	Y	B	E	O	T	A	N	H	M	A	X	E
S	Y	H	L	N	M	H	D	I	T	H	P	P	E	Z
C	P	Y	O	E	E	A	S	O	V	R	I	P	L	L
M	B	N	R	B	Z	T	O	O	T	L	A	E	A	E
I	R	X	E	T	I	C	G	R	E	U	N	P	A	S
P	A	S	O	C	R	A	T	E	S	F	S	V	S	E

ACROPOLIS

ALEXANDER

ATHENS

DELPHI

HELLENISTIC

HERODOTUS

HOMER

OLYMPIC GAMES

PARTHENON

PLATO

PLUTARCH

PYTHAGORAS

SAPPHO

SOCRATES

SOPHOCLES

SPARTA

TEMPLE

THEBES

TWELVE OLYMPIANS

ZEUS

WARS OF THE THREE KINGDOMS

```
E T U M R D V C A R E T B O R
C N I I S E L R A H C H I P A
O E R R J Y S O T L O E S S T
N M I J T M I M P N V E H G H
F A S K G R E W R S E M O U M
E I H R M A G E I R N A P S I
D L R O A L E L N E A R S U N
E R E U G E O L C I N S W S E
R A B N U D F O E L T T A B S
A P E D I O D N R A E O R G O
T P L H R M U E U V R N S G R
E M L E E W B I P A S M Y S T
S U I A S E L L E C B O L D N
D R O D U N I L R E R O O M O
Y U N S E D N I T L Q R U O M
```

BATTLE OF DUNBAR   MARSTON MOOR
BISHOPS' WARS   MONTROSE
CAVALIERS   NEW MODEL ARMY
CHARLES I   O'MOORE
CONFEDERATES   O'NEILL
COVENANTERS   PRINCE RUPERT
CROMWELL   RATHMINES
IRISH REBELLION   ROUNDHEADS
LAUD   RUMP PARLIAMENT
MAGUIRE   SIEGE OF DUBLIN

THE CRUSADES

J	W	T	R	M	Y	G	G	A	T	A	W	C	O	R
E	E	D	A	S	U	R	C	S	E	L	P	O	E	P
R	N	R	N	I	A	A	O	O	U	E	E	N	R	O
U	D	A	T	R	R	L	R	T	T	X	T	S	C	P
S	I	S	I	A	X	P	T	R	O	I	E	T	A	E
A	S	I	O	H	D	M	R	O	N	O	R	A	F	U
L	H	G	C	T	N	E	A	T	I	S	T	N	O	R
E	C	T	H	A	A	T	E	F	C	I	H	T	E	B
M	R	N	N	C	L	S	H	O	O	L	E	I	G	A
E	U	O	I	N	Y	T	N	E	R	O	H	N	E	N
D	S	M	D	S	L	H	O	G	D	P	E	O	I	I
E	A	R	A	B	O	G	I	E	E	I	R	P	S	I
S	D	E	L	O	H	I	L	I	R	R	M	L	T	P
S	E	L	A	P	Y	N	W	S	F	T	I	E	N	B
A	A	C	S	S	R	K	O	C	K	T	T	F	T	H

ALEXIOS I

ANTIOCH

CATHARISM

CLERMONT

CONSTANTINOPLE

EDESSA

HOLY LAND

JERUSALEM

KNIGHTS TEMPLAR

LIONHEART

MONTGISARD

PEOPLE'S CRUSADE

PETER THE HERMIT

POPE URBAN II

SALADIN

SIEGE OF ACRE

SIEGE OF TORTOSA

TEUTONIC ORDER

TRIPOLI

WENDISH CRUSADE

INTERWAR BRITAIN

```
A L J D N F P U E S O R M A C
V E G R O E G P M P N U E X E
E F E O I N A G O G E V B A G
R U R K S I L E H E V B J P R
S B E C S A L V D V E O M P O
A A M O E L A O N I S R A E E
I L R C R R B S A T N A C A G
L D E H P E O O N A I D D S D
L W H C E B U P E V T I O E Y
E I T T D M R M M R S O N M O
S N O I T A N F O E U G A E L
D T R H A H N C W S A R L N L
D Z H R E C W D N N R A D T S
B O N A R L A W Y O B M C U E
T U Q I G X B L A C K P O O L
```

APPEASEMENT

AUSTIN SEVEN

BALDWIN

BLACKPOOL

BONAR LAW

CAMROSE

CHAMBERLAIN

CONSERVATIVE

DANDY

GEORGE V

GREAT DEPRESSION

HITCHCOCK

LABOUR

LEAGUE OF NATIONS

LLOYD GEORGE

MACDONALD

RADIOGRAM

ROTHERMERE

VERSAILLES

WOMEN AND HOME

DUTCH GOLDEN AGE

```
T  I  A  Z  V  Y  G  A  A  W  S  A  A  K  I
C  T  T  S  X  I  P  G  V  E  R  M  E  E  R
I  W  R  N  J  I  R  N  A  V  X  S  L  G  I
U  R  L  E  E  A  O  E  O  K  R  T  J  E  R
A  Q  E  G  S  P  N  U  M  R  T  E  U  S  O
P  U  E  Y  E  F  K  X  T  B  E  R  F  T  L
W  U  G  U  U  R  S  L  A  H  R  D  E  C  K
P  A  H  H  S  K  T  U  T  U  U  A  E  E  W
O  M  W  S  S  U  I  T  O  R  G  M  N  R  B
S  T  A  C  N  J  L  D  V  B  U  C  F  D  B
T  D  T  E  S  O  L  T  W  I  Y  M  E  Q  T
R  K  E  O  H  N  E  W  U  E  E  L  N  A  V
X  T  R  Z  S  V  V  E  R  K  O  L  J  E  K
S  T  S  N  Y  D  E  R  S  A  I  U  K  J  H
E  S  S  I  U  H  N  E  P  P  I  R  T  C  E
```

AMSTERDAM	POST
BEERT	PRONKSTILLEVEN
BREDERO	REMBRANDT
CATS	SNYDERS
DOU	STEEN
GROTIUS	TRIPPENHUIS
HALS	VAN LEEUWENHOEK
HUYGENS	VAN RIJN
KAASWAAG	VERKOLJE
LEEGHWATER	VERMEER

FAMOUS FEMALE ROYALS

```
T A N G M E Y S E O N D E O K
B J A S A N N E B O L E Y N E
V C Y E R G E N A J Y D A L Z
A L C A I S A T S A N A I E O
V V L W E I E R T T S Z W L I
L R E E A J E R B A A D G L V
L A O Z N I B O O B I E N I I
F N P T T W U U E T A M A R C
S A A P O D J T U A I L E O T
S V T W I L H E L M I N A A O
V A R C N I T E R A G R A M R
R L A S E R E H T A I R A M I
B O H A T S H E P S U T S R A
U N Y U T R A U T S Y R A M P
C A T H E R I N E I I R W S A
```

AMANITORE	MARGARET I
ANASTASIA	MARIA THERESA
ANG MEY	MARIE ANTOINETTE
ANNE BOLEYN	MARY STUART
BOUDICA	RANAVALONA
CATHERINE II	SEONDEOK
CLEOPATRA	TAMAR
ELIZABETH I	VICTORIA
HATSHEPSUT	WILHELMINA
LADY JANE GREY	ZEWDITU

PROGRESSIVE ERA

```
T  J  T  B  M  S  I  R  O  L  Y  A  T  G  C
T  J  R  S  R  D  A  A  A  H  T  M  I  A  R
L  Y  U  T  F  E  U  C  T  R  U  I  B  Z  N
E  A  S  P  C  U  I  A  C  F  B  R  O  R
V  W  T  U  R  A  M  K  K  R  O  T  I  W  U
E  H  B  W  F  S  D  R  I  T  V  T  T  I  H
S  G  U  A  P  F  A  A  T  N  I  E  N  L  U
O  I  S  L  T  K  R  U  E  B  R  F  R  S  G
O  H  T  D  E  Z  E  A  I  T  K  I  P  O  H
R  E  I  R  A  L  V  H  G  R  S  W  D  N  E
G  I  N  Y  E  M  O  W  N  E  D  L  V  G  S
S  X  G  Z  V  R  A  D  D  A  M  S  O  U  E
R  I  R  A  P  B  R  Y  A  N  P  A  F  V  I
P  D  F  T  T  A  C  N  A  M  P  A  H  C  A
T  F  A  T  H  T  R  I  A  L  C  N  I  S  U
```

ABBOTT	ROOSEVELT
ADDAMS	SINCLAIR
BRECKINRIDGE	SMITH
BRYAN	SUFFRAGE
CARVER	TAFT
CHAPMAN CATT	TAYLORISM
DIXIE HIGHWAY	TRUST BUSTING
HUGHES	VOLSTEAD ACT
MUCKRAKER	WALD
PROHIBITION	WILSON

MUGHAL EMPIRE

```
A  K  B  A  R  E  O  T  H  E  T  O  T  B  T
S  N  E  D  R  A  G  R  A  M  I  L  A  H  S
E  P  N  F  T  F  H  E  U  N  Q  D  P  T  T
A  B  G  I  M  O  T  I  M  A  S  J  I  D  M
E  J  A  H  A  N  G  I  R  H  E  R  N  I  V
Z  L  L  B  A  R  A  K  A  T  R  A  A  L  A
L  T  S  L  U  Y  N  H  T  A  T  A  P  A  F
P  R  U  T  R  R  I  G  M  A  L  A  F  H  I
O  O  B  H  U  M  A  Y  A  N  O  S  O  A  L
Z  L  A  H  O  R  E  E  M  P  I  R  E  M  A
K  Y  H  S  H  A  H  J  A  H  A  N  L  J  K
C  T  Q  J  A  N  T  A  R  M  A  N  T  A  R
P  U  I  Z  A  E  R  E  D  F  O  R  T  T  A
E  I  R  K  I  S  R  U  P  H  E  T  A  F  N
A  Z  A  W  R  A  D  D  N  A  L  U  B  T  A
```

AKBAR	FATEHPUR SIKRI
ALAMGIR	HUMAYAN
ANARKALI	JAHANGIR
BABUR	JANTAR MANTAR
BADSHAHI MOSQUE	LAHORE
BARA KATRA	MOTI MASJID
BATTLE OF PANIPAT	RED FORT
BENGAL SUBAH	SHAH JAHAN
BULAND DARWAZA	SHALIMAR GARDENS
EMPIRE	TAJ MAHAL

THE PAPACY

```
L  A  P  R  T  A  H  P  E  T  J  S  Q  T  K
L  R  O  M  X  M  U  S  J  U  R  B  A  N  O
E  E  S  Y  L  O  H  T  O  M  R  L  I  E  P
P  V  A  T  I  C  A  N  M  U  S  E  U  M  S
A  E  I  Y  A  S  J  I  U  E  P  F  C  E  P
H  Q  H  S  T  P  E  T  E  R  S  M  Y  L  I
C  U  S  R  S  I  C  N  A  R  F  J  P  C  U
E  C  A  L  A  P  C  I  L  O  T  S  O  P  A
N  B  G  P  R  E  D  N  A  X  E  L  A  H  D
I  T  S  R  H  A  A  P  A  T  S  M  U  H  N
T  C  I  D  E  N  E  B  P  C  U  U  O  A  A
S  Y  X  M  S  G  H  R  D  X  I  U  I  R  P
I  T  T  P  L  E  O  U  V  S  L  T  K  P  R
S  A  U  C  N  A  I  R  D  A  U  P  A  J  U
V  E  S  S  P  K  M  I  Y  O  J  S  Q  V  L
```

ADRIAN	LEO
ALEXANDER	PAUL
APOSTOLIC PALACE	PIUS
BENEDICT	ROME
CLEMENT	SISTINE CHAPEL
FRANCIS	SIXTUS
GREGORY	ST PETER'S
HOLY SEE	URBAN
JOHN	VATICAN CITY
JULIUS	VATICAN MUSEUMS

Solutions

No. 1

Y	D	E	N	N	E	K	R	I	V	Z	I	T	I	D
L	I	N	C	O	L	N	E	O	N	I	X	O	N	U
S	A	X	A	N	H	J	W	J	A	L	L	L	A	Y
Y	M	N	E	L	O	S	O	J	G	D	R	T	T	T
P	S	L	E	K	E	S	H	T	A	Q	P	R	Z	S
E	P	E	J	Y	W	V	N	T	E	C	F	O	R	D
P	P	R	R	E	G	A	E	H	R	R	K	O	D	U
A	E	T	A	L	F	N	S	L	O	V	R	S	H	Q
Z	L	H	Y	N	R	F	I	H	C	J	P	E	O	I
I	B	E	S	I	E	A	E	D	I	E	L	V	O	N
W	S	S	H	K	T	S	M	R	R	N	J	E	V	I
S	S	S	S	C	R	S	E	A	S	A	G	L	E	S
E	T	R	U	M	A	N	T	D	B	O	H	T	R	K
Y	L	P	B	T	C	L	I	N	T	O	N	U	O	O
F	E	M	V	P	Z	S	I	F	U	S	R	H	O	N

No. 2

B	S	C	O	N	H	H	J	G	P	T	H	O	G	O
E	O	Y	T	E	I	C	O	S	L	A	Y	O	R	H
S	R	Y	M	R	U	M	H	G	E	R	P	Y	E	E
N	E	E	L	C	O	P	E	R	N	I	C	U	S	L
E	K	T	R	E	B	L	I	G	B	N	L	T	H	I
G	C	D	R	A	H	C	U	A	F	E	U	I	A	O
Y	N	B	G	A	L	I	L	E	O	W	T	R	M	C
U	U	A	C	P	C	N	W	R	K	T	L	S	C	E
H	O	Y	L	A	W	S	O	F	M	O	T	I	O	N
A	R	E	L	P	E	K	E	C	T	N	O	T	L	T
R	B	L	P	I	K	O	S	D	A	V	O	H	L	R
V	S	L	U	N	V	E	K	T	L	B	U	I	E	I
E	V	A	O	L	V	B	B	L	M	M	V	I	G	S
Y	S	H	U	M	S	I	C	I	R	I	P	M	E	M
R	N	Y	H	D	S	X	X	R	Y	C	Q	Z	A	R

No. 3

E	R	I	K	T	H	E	R	E	D	W	P	H	I	I
E	G	C	E	S	G	A	B	B	U	A	A	S	V	P
R	R	D	D	K	R	B	S	Y	H	L	B	C	A	E
A	L	I	I	O	D	P	S	S	B	E	Y	A	R	R
Z	A	Z	C	R	U	E	E	E	E	N	M	N	T	R
R	R	D	A	B	B	V	R	S	Y	A	R	D	H	R
Z	I	K	H	D	L	D	T	L	R	D	A	I	E	T
T	A	I	A	O	I	O	R	Q	O	T	N	N	B	L
U	I	V	L	L	N	S	O	O	O	X	E	A	O	I
D	S	R	F	R	I	U	F	D	F	U	H	V	N	R
N	A	O	D	A	A	E	G	T	A	M	T	I	E	T
O	T	J	A	N	U	T	N	A	R	X	A	A	L	Q
R	L	O	N	G	S	H	I	P	S	I	E	T	E	U
S	E	A	F	A	R	E	R	S	O	C	H	N	S	M
E	W	M	U	R	H	T	U	G	A	S	P	K	S	E

No. 4

H	T	I	M	S	D	R	A	W	D	E	S	T	R	Y
J	I	T	O	N	O	T	P	M	A	H	T	U	O	S
P	T	C	I	W	T	G	M	U	R	D	O	C	H	W
M	A	H	R	H	L	S	R	X	S	B	I	C	A	N
O	N	E	P	I	X	X	S	E	R	A	O	T	Y	A
R	I	R	A	T	R	A	A	A	B	B	R	U	R	I
G	C	B	C	E	Q	S	H	S	H	E	O	A	A	N
A	Q	O	I	S	R	T	C	W	R	E	C	K	Z	R
N	U	U	D	T	S	T	A	O	B	E	F	I	L	O
H	A	R	L	A	N	D	A	N	D	W	O	L	F	F
A	R	G	F	R	G	I	W	I	N	S	L	E	T	I
I	T	L	L	L	A	I	H	T	A	P	R	A	C	L
R	E	M	A	I	D	E	N	V	O	Y	A	G	E	A
B	R	C	S	N	Z	N	E	W	Y	O	R	K	P	C
J	Y	N	A	E	C	O	C	I	T	N	A	L	T	A

No. 5

R	A	R	A	M	E	S	S	E	S	R	X	F	H	L
K	N	A	F	M	E	I	W	I	S	I	S	M	I	W
O	A	R	O	S	E	T	T	A	S	T	O	N	E	A
A	X	T	K	J	A	N	P	R	T	E	B	U	R	D
N	R	N	O	C	R	A	H	X	R	M	E	M	O	J
U	T	S	I	K	T	Q	I	O	E	P	K	A	G	O
B	H	O	I	H	A	U	N	S	T	L	N	H	L	C
I	E	E	T	N	P	Y	S	L	K	E	I	K	Y	K
S	M	L	T	W	O	S	M	P	F	O	P	N	P	A
W	U	U	K	P	E	E	T	E	E	F	K	A	H	O
V	M	X	M	T	L	R	R	A	L	H	R	T	S	O
T	M	O	W	A	C	T	S	R	E	O	S	U	T	A
P	Y	R	A	M	I	D	S	R	H	R	T	T	E	F
E	P	R	P	T	S	R	W	R	E	U	G	P	A	S
Y	O	S	I	R	I	S	C	S	W	S	K	B	K	H

No. 6

R	O	D	Z	B	E	R	L	I	N	T	Y	T	V	O
S	S	O	U	A	T	N	A	L	T	A	O	L	E	T
O	C	Y	B	A	R	C	E	L	O	N	A	S	L	P
G	I	I	D	Z	O	R	R	R	S	I	R	A	P	A
W	P	L	A	N	M	T	T	I	Z	T	M	Y	J	K
O	M	U	O	G	E	D	N	O	O	R	O	S	K	T
B	Y	O	A	N	L	Y	O	D	L	E	G	K	G	P
Z	L	E	S	I	D	Y	M	E	Y	B	X	R	Y	S
A	A	S	W	J	E	O	E	J	M	U	A	P	K	O
P	R	E	C	I	T	F	N	A	P	O	S	B	R	R
P	A	N	H	E	L	L	E	N	I	C	E	G	L	T
A	P	E	K	B	L	F	E	E	A	T	H	E	N	S
S	A	H	C	R	O	T	C	I	P	M	Y	L	O	T
A	N	C	I	E	N	T	G	R	E	E	C	E	X	G
A	S	R	N	K	R	T	B	O	T	H	S	B	D	K

No. 7

I	T	M	I	P	A	P	S	T	A	L	I	N	G	A
U	R	R	D	V	K	N	T	S	O	N	S	A	L	G
S	O	N	F	B	S	H	G	G	R	S	U	L	Z	G
Z	M	A	I	K	E	M	R	Q	A	G	B	P	B	O
O	O	K	V	N	Y	C	E	U	U	L	A	S	R	R
V	D	I	E	A	E	R	A	S	S	L	U	O	E	B
T	O	O	Y	A	Z	L	T	R	C	H	C	G	Z	A
D	L	R	E	R	H	C	P	D	E	R	C	R	H	C
B	O	T	A	X	O	E	U	P	P	C	Z	H	N	H
G	H	S	R	U	V	S	R	A	R	R	A	C	E	E
P	S	E	P	S	W	W	G	T	P	S	Y	P	V	V
R	A	R	L	K	P	R	E	D	A	R	M	Y	S	A
M	U	E	A	S	T	E	R	N	B	L	O	C	C	L
A	O	P	N	I	R	A	G	A	G	A	B	M	A	R
P	N	I	S	T	L	E	Y	B	J	S	R	U	J	S

No. 8

M	N	D	G	A	S	W	A	N	V	J	N	S	U	Y
L	T	L	Q	W	P	R	F	S	I	O	I	R	T	R
A	H	E	K	I	M	G	R	T	D	S	A	H	C	O
L	O	I	S	N	U	S	A	H	N	E	W	G	W	B
R	M	F	B	S	W	R	N	G	E	P	T	N	A	A
A	A	R	E	L	G	E	C	I	W	H	K	I	G	L
I	S	A	N	O	U	K	E	R	Y	K	R	N	E	F
L	E	G	N	W	M	A	S	L	O	E	A	I	L	O
R	A	S	E	H	W	E	W	I	R	P	M	M	A	S
O	K	E	T	O	S	R	I	V	K	P	R	L	B	T
A	I	M	T	M	O	B	L	I	A	L	T	A	O	H
D	N	A	L	E	V	E	L	C	R	E	V	O	R	G
S	S	J	A	R	T	H	A	P	T	R	O	C	A	I
B	A	Y	W	H	B	T	R	S	C	I	N	A	P	N
W	O	R	C	M	I	J	D	S	R	C	W	L	Y	K

No. 9

H	Z	S	V	P	P	E	V	C	S	F	O	S	F	K
A	U	O	A	G	H	O	R	E	S	H	W	A	R	A
Z	A	P	V	T	Q	D	Z	R	N	A	T	I	B	N
A	B	U	S	V	I	R	U	P	A	K	S	H	A	A
R	S	I	P	M	A	H	A	R	I	H	A	R	A	K
A	T	O	K	I	L	A	T	V	N	L	W	T	O	A
R	A	M	U	K	T	A	M	A	L	Y	A	D	A	D
A	Y	A	R	A	V	E	D	A	T	U	Y	H	C	A
M	I	P	E	O	I	E	O	J	L	S	Q	J	V	S
A	K	K	U	B	V	L	I	D	N	U	G	E	N	A
T	U	N	G	A	B	H	A	D	R	A	L	X	A	N
S	A	A	R	U	P	A	L	A	M	M	I	T	O	G
A	R	A	G	A	N	A	Y	A	J	I	V	R	R	A
V	Y	G	G	S	I	P	G	S	A	S	O	M	O	M
A	G	N	A	R	I	R	S	A	R	V	A	J	N	A

No. 10

K	A	V	E	C	N	I	R	P	W	D	L	R	V	M
C	E	X	L	I	T	S	A	A	H	D	R	E	I	E
A	K	M	T	V	R	E	T	R	I	U	T	C	J	M
P	L	G	T	O	O	N	G	U	T	R	H	T	W	B
T	I	E	U	J	J	O	A	H	N	A	P	X	U	E
A	T	O	H	N	Q	J	A	Z	E	N	S	E	G	R
R	Y	M	S	O	S	A	R	L	Y	D	R	C	J	S
B	T	K	E	B	P	N	J	T	H	U	E	N	D	O
O	A	L	C	G	A	A	R	B	O	R	D	A	I	N
O	E	A	A	T	C	I	J	O	U	A	N	D	A	L
M	R	W	P	K	M	D	G	O	S	N	E	H	E	Y
B	T	N	S	I	A	N	V	R	T	E	T	S	V	I
O	F	O	U	W	N	I	M	R	O	H	S	A	I	E
X	N	O	E	B	E	R	L	I	N	W	A	L	L	Y
Z	I	M	A	D	O	N	N	A	O	Y	E	F	O	W

No. 11

R	K	R	E	D	G	U	A	R	D	S	L	Z	Z	I
F	Z	C	I	V	I	L	W	A	R	H	S	I	H	A
M	R	O	T	S	Y	R	A	U	N	A	J	B	A	D
Z	G	M	M	A	O	Z	E	D	O	N	G	D	N	O
H	N	M	B	R	U	O	F	F	O	G	N	A	G	A
O	I	U	A	T	T	V	L	O	D	H	C	Z	C	I
U	P	N	A	U	Y	N	E	W	O	A	Y	U	H	B
E	O	I	G	N	I	Q	G	N	A	I	J	C	U	N
N	A	S	D	L	O	R	U	O	F	C	H	I	N	I
L	I	T	T	L	E	R	E	D	B	O	O	K	Q	L
A	X	P	P	U	O	R	G	N	A	M	E	V	I	F
I	G	A	D	O	B	N	E	H	C	M	B	E	A	A
U	N	R	A	I	Q	O	A	H	S	U	I	L	O	I
Y	E	T	U	W	A	N	G	H	O	N	G	W	E	N
U	D	Y	H	U	A	G	U	O	F	E	N	G	P	Q

No. 12

O	S	V	I	J	O	H	N	B	A	R	B	O	U	R
G	T	O	A	U	L	D	A	L	L	I	A	N	C	E
M	E	R	S	D	U	N	N	E	C	H	T	A	I	N
A	I	M	S	B	N	R	U	B	R	E	T	T	O	N
R	T	S	S	R	E	D	N	A	X	E	L	A	L	I
G	S	U	E	N	O	S	S	T	O	N	E	S	W	D
A	L	L	P	H	O	T	O	L	B	O	O	T	H	K
R	R	O	B	Z	L	M	S	R	D	A	F	G	O	C
E	C	A	L	L	A	W	M	A	I	L	L	I	W	A
T	O	N	R	U	B	K	C	O	N	N	A	B	U	L
R	C	S	M	L	O	C	L	A	M	B	R	H	E	B
L	E	A	H	C	I	M	T	A	E	R	G	M	I	N
S	O	B	S	W	E	R	D	N	A	T	S	T	I	W
R	S	D	M	A	C	B	E	T	H	D	A	V	I	D
G	T	N	E	R	N	A	M	O	R	M	A	E	R	L

No. 13

X	T	C	O	B	F	U	R	P	I	N	I	R	T	I
L	T	Y	U	T	N	S	E	D	I	R	N	E	T	O
W	F	R	N	C	A	A	S	C	U	U	F	R	A	A
N	S	S	R	N	M	X	O	I	L	S	B	N	M	E
A	U	E	E	S	S	P	T	J	F	A	Q	E	P	A
R	B	I	G	E	O	E	Y	F	R	P	Z	D	I	I
I	L	R	H	L	U	C	A	B	E	Y	L	I	K	I
D	I	A	I	I	D	R	A	G	U	T	V	M	A	A
L	M	S	K	M	U	R	A	D	A	N	O	N	Z	M
A	E	S	P	G	O	T	N	A	P	E	L	A	E	R
H	P	I	I	S	U	L	E	I	M	A	N	T	V	Z
C	O	N	S	T	A	N	T	I	N	O	P	L	E	X
G	R	A	N	D	V	I	Z	I	E	R	U	U	R	G
G	T	J	B	R	C	T	B	R	Y	R	B	S	P	U
D	E	M	H	E	M	G	A	Z	Y	I	L	I	X	F

No. 14

R	A	L	O	R	A	N	O	V	A	S	L	S	Z	S
A	J	X	O	A	I	G	R	O	B	W	O	I	V	D
O	N	A	I	Z	I	L	O	P	A	L	I	S	E	N
U	G	U	C	E	Z	K	F	L	E	T	R	T	S	A
I	C	N	I	V	A	D	S	G	I	A	C	I	P	G
L	B	O	D	T	S	U	N	T	P	A	I	N	U	A
O	P	Y	E	P	B	A	I	H	B	A	E	E	C	Z
I	A	A	M	M	L	A	A	O	A	A	L	C	C	N
V	W	Z	U	E	N	E	T	G	J	U	I	H	I	O
O	N	L	H	Q	L	P	J	P	I	L	L	A	E	G
L	O	C	E	N	S	F	O	R	Z	A	A	P	H	Q
C	I	O	L	L	E	T	A	N	O	D	G	E	W	S
M	Y	S	M	A	C	H	I	A	V	E	L	L	I	G
P	I	T	O	R	R	A	N	O	U	B	S	P	S	K
P	P	R	R	L	I	L	L	E	C	I	T	T	O	B

No. 15

Y	B	J	E	Y	E	Q	E	K	I	N	T	U	P	S
N	H	O	L	E	O	L	L	F	F	R	A	T	I	K
R	A	F	T	L	R	N	I	I	U	O	W	S	X	O
O	R	R	S	S	N	O	Z	D	R	I	L	A	A	R
C	D	A	A	E	O	I	A	E	W	D	E	L	S	E
K	B	N	C	R	M	S	B	L	T	N	N	N	I	A
A	O	K	N	P	N	I	E	C	V	A	A	A	S	N
B	P	S	O	S	Y	V	T	A	L	I	H	E	I	W
I	O	I	I	I	L	E	H	S	S	T	C	D	R	A
L	W	N	T	V	I	L	T	T	B	S	O	S	C	R
L	O	A	A	L	R	E	A	R	G	I	C	E	Z	R
Y	O	T	R	E	A	T	Y	O	F	R	O	M	E	S
T	D	R	E	R	M	Z	L	I	G	H	C	A	U	Z
T	R	A	P	O	P	L	O	G	R	C	A	J	S	T
T	S	K	O	A	Y	R	R	E	B	K	C	U	H	C

No. 16

R	T	O	A	T	V	L	Z	H	M	U	R	J	U	U
T	T	R	Q	B	W	L	E	D	N	A	A	S	P	L
A	A	O	Z	T	C	I	W	S	J	G	R	V	A	W
L	H	D	N	E	H	R	E	V	O	N	N	A	H	P
Q	E	U	D	N	S	K	T	U	S	U	T	L	L	S
N	M	T	S	E	S	A	V	J	E	A	R	O	A	Q
W	A	C	S	G	M	H	V	B	O	B	Z	I	V	S
C	H	O	L	A	I	C	R	O	N	N	O	S	I	I
P	E	P	F	T	N	A	B	N	Y	O	G	T	H	V
S	M	W	A	N	G	C	H	U	C	K	U	A	J	S
B	A	G	R	A	T	I	O	N	I	R	F	A	B	E
N	K	A	N	L	C	G	R	U	R	S	R	A	H	Y
W	Q	Z	K	P	R	I	S	I	I	T	H	C	G	Z
Z	A	Y	Y	A	N	I	D	D	L	P	R	O	X	Y
A	O	O	Z	S	V	E	P	W	T	A	U	Q	W	F

No. 17

L	B	Z	I	L	L	A	U	H	O	P	H	U	I	X
T	H	O	Y	C	I	A	L	T	E	P	E	T	L	Y
A	E	Q	Q	U	E	T	Z	A	L	C	O	A	T	L
C	T	M	L	L	T	O	Z	T	I	U	H	A	H	A
A	E	E	P	T	G	Z	N	C	I	R	N	R	C	P
Y	Z	X	N	L	A	X	I	T	O	A	P	L	O	M
A	C	I	X	O	O	O	R	T	H	A	X	M	P	A
X	A	C	S	Z	C	M	C	U	Z	R	T	T	O	N
A	T	O	E	T	T	H	A	A	Q	I	H	L	L	I
U	L	Z	V	L	P	T	T	Y	U	R	M	W	I	H
R	I	H	A	N	L	A	X	I	O	H	R	I	Z	C
A	P	L	A	N	O	C	H	E	T	R	I	S	I	E
C	O	M	E	T	H	U	A	U	C	L	T	C	I	L
C	C	I	M	O	C	T	E	Z	U	M	A	E	U	A
L	A	K	E	T	E	X	C	O	C	O	E	N	H	T

No. 18

A	D	A	M	S	H	C	N	Y	L	G	U	C	T	Q
E	L	U	R	E	M	O	H	A	R	B	P	Y	R	L
C	E	E	B	O	G	S	I	D	E	V	H	M	H	C
Y	L	L	M	L	N	Z	S	I	D	T	P	R	T	O
P	C	H	B	A	I	S	A	R	M	N	A	A	A	L
T	E	N	C	M	S	N	A	F	O	U	R	N	R	L
W	L	I	E	C	I	S	L	D	N	L	T	A	G	I
G	T	E	T	G	R	R	G	O	D	T	I	C	R	N
Y	I	F	A	U	R	S	T	O	C	D	T	I	I	S
X	C	N	T	I	E	E	W	G	T	K	I	L	F	U
R	T	N	S	N	T	T	M	D	R	R	O	B	F	U
K	I	I	E	N	S	U	M	E	R	A	N	U	I	D
A	G	S	E	E	A	P	E	F	E	P	A	P	T	H
B	E	T	R	S	E	A	Y	E	T	H	B	E	H	V
O	R	D	F	S	E	L	B	U	O	R	T	R	E	A

No. 19

B	G	A	E	K	D	I	E	A	R	E	R	Q	S	F
T	E	N	C	I	X	I	A	O	Z	H	U	A	N	G
R	E	R	E	G	N	O	G	R	O	D	Z	X	E	G
T	P	D	N	H	R	E	V	O	L	U	T	I	O	N
U	L	A	O	W	C	G	N	I	K	E	P	D	Y	E
I	K	O	A	H	C	I	Q	G	N	A	I	L	U	H
T	E	H	V	T	I	H	Z	N	U	H	S	T	A	Z
S	A	C	R	E	D	E	D	I	C	T	A	O	N	G
T	U	R	X	T	R	O	E	S	L	K	A	N	S	N
Q	I	A	N	L	O	N	G	I	S	R	E	G	H	O
B	W	O	I	A	T	M	A	A	A	S	A	Z	I	Y
A	A	L	I	J	I	A	T	G	N	O	H	H	K	P
R	A	W	L	I	V	I	C	G	N	I	P	I	A	T
R	I	K	Z	K	A	N	G	Y	O	U	W	E	I	E
M	F	Q	E	C	A	L	A	P	N	E	D	K	U	M

No. 20

S	R	O	C	L	I	H	C	T	O	G	A	M	A	T
M	P	V	L	K	S	U	P	E	E	I	H	D	G	O
A	M	U	R	D	S	A	L	L	C	R	P	J	R	G
R	E	D	R	O	D	N	A	W	A	L	Z	U	U	U
I	N	T	O	L	N	A	Y	G	P	P	U	R	N	L
A	I	S	G	L	E	V	S	N	S	O	C	A	G	F
H	N	P	E	Y	I	R	T	I	E	W	A	S	E	W
C	B	I	U	T	R	I	A	K	L	E	C	S	C	A
A	L	C	R	H	F	N	T	N	B	R	I	I	I	R
R	A	E	O	E	K	R	I	O	B	S	N	C	Z	S
E	C	G	S	S	Y	G	O	I	U	Z	A	P	E	T
Y	K	I	T	H	K	Q	N	L	H	A	T	A	U	E
W	S	R	A	E	P	S	Y	E	N	T	I	R	B	O
Z	H	L	R	E	I	C	O	H	P	T	T	K	S	S
I	U	S	S	P	M	U	G	T	S	E	R	R	O	F

No. 21

E	R	R	E	I	P	S	E	B	O	R	I	E	Z	E
N	T	E	S	N	I	L	U	O	M	S	E	D	A	S
I	E	T	R	A	P	A	N	O	B	I	I	G	S	Y
T	C	O	E	S	N	I	D	N	O	R	I	G	O	V
O	W	A	M	N	O	S	E	N	N	E	R	A	V	E
L	O	P	A	R	I	S	C	O	M	M	U	N	E	R
L	M	D	A	N	T	O	N	U	B	R	P	J	O	S
I	E	W	Q	S	U	T	T	E	L	J	J	X	R	A
U	N	D	L	S	T	A	A	N	S	L	C	N	O	I
G	S	T	B	A	I	T	A	R	A	M	O	S	R	I
E	M	B	A	S	T	I	L	L	E	E	Z	T	R	L
L	A	M	A	R	S	E	I	L	L	A	I	S	E	E
E	R	U	R	S	N	I	B	O	C	A	J	R	T	S
R	C	J	E	R	O	L	O	C	I	R	T	T	A	V
K	H	E	J	T	C	L	O	U	I	S	X	V	I	M

No. 22

R	R	H	Z	A	U	C	O	Z	V	O	B	Y	C	A
U	K	C	A	E	S	A	R	H	A	D	R	I	A	N
N	Q	O	Y	S	R	A	W	C	I	N	U	P	L	E
A	S	L	S	U	I	N	O	T	E	U	S	A	I	R
G	U	O	R	E	C	I	C	L	T	T	S	X	G	O
T	I	S	U	T	S	U	G	U	A	T	E	R	U	S
B	R	S	U	N	S	X	R	R	R	O	M	O	L	D
L	E	E	R	T	A	E	H	T	I	H	P	M	A	L
D	B	U	P	G	I	U	L	A	V	I	I	A	A	I
A	I	M	S	U	T	T	P	S	M	S	R	N	T	I
P	T	V	S	T	B	F	O	R	U	M	E	A	S	Q
I	D	C	O	T	L	L	A	C	I	L	I	S	A	B
Z	N	K	X	U	U	L	I	G	R	I	V	R	I	P
L	O	I	T	F	R	D	T	C	T	S	J	D	L	E
W	J	D	H	F	Z	G	J	O	Z	R	M	Q	T	G

No. 23

J	G	P	E	D	H	A	S	T	I	N	G	S	R	N
P	E	L	E	A	D	N	E	H	C	S	S	A	P	Z
Y	T	V	G	R	L	M	O	M	A	T	O	U	R	S
T	T	L	P	G	E	Y	I	Y	M	N	B	V	A	Z
M	Y	U	U	N	Y	A	P	D	C	O	G	V	G	T
F	S	U	A	I	T	V	V	O	W	B	B	U	L	A
B	B	N	A	L	E	A	L	E	M	A	G	U	A	G
B	U	E	S	A	G	L	N	A	R	R	Y	Z	F	I
O	R	D	C	T	U	C	A	N	Z	D	E	S	A	N
S	G	D	Y	S	L	A	P	L	E	U	U	H	R	C
W	G	O	L	K	F	L	S	P	A	N	B	N	T	O
O	O	L	R	E	T	A	W	F	S	M	B	D	X	U
R	R	F	C	I	W	B	N	U	Y	T	E	E	U	R
T	T	I	U	H	Z	U	N	R	R	Y	Y	I	R	T
H	S	S	A	T	C	E	P	L	E	B	R	M	N	G

No. 24

L	I	N	D	Y	H	O	P	C	A	A	A	Y	F	Q
G	I	I	E	Y	A	E	R	H	M	U	R	A	L	P
E	N	H	U	N	E	Q	N	A	G	T	T	W	A	S
G	K	O	Q	O	O	N	A	R	W	P	D	A	P	H
A	W	R	R	I	U	T	S	L	Y	S	E	K	P	E
Z	O	A	A	I	X	L	S	I	A	F	C	A	E	M
Z	N	T	M	G	S	T	I	E	D	R	O	E	H	I
A	N	I	E	T	S	M	A	C	L	T	A	R	R	N
J	H	A	R	L	E	M	R	H	O	R	L	B	D	G
M	O	T	T	O	B	K	C	A	L	B	A	A	I	W
G	Y	S	A	E	K	A	E	P	S	I	G	H	W	A
F	I	T	Z	G	E	R	A	L	D	I	E	I	C	Y
P	R	O	H	I	B	I	T	I	O	N	U	R	O	D
S	E	I	T	N	E	W	T	N	E	D	L	O	G	L
N	O	I	T	A	R	E	N	E	G	T	S	O	L	R

Solutions

No. 25

No. 26

No. 27

No. 28

No. 29

No. 30

No. 31

No. 32

No. 33

No. 34

No. 35

No. 36

Solutions

No. 37

O	E	P	N	V	R	P	O	C	P	C	I	B	A	E
S	S	D	M	V	L	E	I	D	L	G	R	L	G	R
C	R	I	N	O	L	I	N	E	L	I	W	O	O	O
H	E	C	A	L	A	P	L	A	T	S	Y	R	C	H
I	L	E	A	R	S	I	D	I	P	Y	C	D	F	S
M	G	E	Y	T	X	S	S	E	D	R	Y	M	M	W
N	J	A	C	K	T	H	E	R	I	P	P	E	R	S
E	X	E	N	O	E	R	A	M	M	A	A	L	S	U
Y	B	Z	N	M	U	H	E	T	N	O	R	B	B	T
S	D	E	P	S	E	A	S	I	D	E	M	O	E	C
W	R	I	K	S	N	E	K	C	I	D	U	U	E	P
E	R	I	I	W	S	Y	A	W	L	I	A	R	T	I
E	N	F	A	L	L	E	N	W	O	M	A	N	O	D
P	L	R	J	W	O	R	K	H	O	U	S	E	N	S
L	M	S	N	I	W	R	A	D	O	E	D	L	I	W

No. 38

B	P	U	R	E	U	A	N	E	D	A	R	L	K	R
R	R	W	E	K	A	J	G	S	T	O	E	L	I	X
A	M	A	U	E	R	P	A	R	K	M	M	R	T	P
N	K	R	N	J	E	M	S	L	W	A	M	E	I	R
D	S	S	I	D	K	A	T	I	E	D	A	V	L	I
T	L	A	F	I	E	Q	A	H	S	S	K	B	O	S
E	D	W	I	K	N	N	R	K	T	T	S	E	P	O
H	R	P	C	S	O	F	B	G	G	O	K	R	T	D
A	U	A	A	W	H	T	E	U	E	P	L	L	S	I
M	L	C	T	O	Q	R	I	V	R	H	O	I	O	E
C	R	T	I	B	M	A	T	F	M	G	V	N	O	W
O	S	S	O	A	M	B	E	M	A	S	G	W	K	E
G	M	T	N	H	A	A	R	S	N	D	D	A	R	N
P	T	Y	O	C	L	N	T	F	Y	S	S	L	T	D
P	S	T	A	S	I	T	H	C	I	R	B	L	U	E

No. 39

L	S	Y	R	D	V	E	D	R	R	N	V	L	Y	R
P	A	C	H	A	C	U	T	I	M	L	D	J	O	F
T	T	A	W	A	N	T	I	N	S	U	Y	U	C	Z
S	A	P	A	I	N	C	A	I	M	O	W	H	A	E
U	P	A	L	L	I	U	P	A	A	S	I	S	L	K
P	A	C	H	A	M	A	M	A	N	N	Q	G	L	V
V	M	A	C	H	U	P	I	C	C	H	U	I	I	B
I	C	N	L	O	X	S	A	H	O	S	C	U	A	G
R	U	Y	G	M	O	P	A	C	C	H	H	Q	L	O
A	S	A	C	S	A	Y	H	U	A	M	A	N	L	P
C	C	U	R	C	S	I	T	P	P	D	M	A	U	S
O	O	H	O	U	Y	Q	T	K	A	X	A	P	L	S
C	A	C	Y	B	I	U	L	N	C	A	M	U	L	U
H	H	U	M	U	Q	A	L	L	I	W	A	Y	H	P
A	T	A	H	U	A	L	P	A	U	H	C	E	U	Q

No. 40

P	T	S	W	Y	E	R	I	P	M	E	G	E	T	Q
S	L	O	R	S	C	H	G	O	S	P	E	L	S	L
D	C	T	N	E	H	C	A	A	R	C	I	I	C	D
O	K	C	Y	L	A	K	A	X	N	I	P	E	P	P
Q	K	A	D	H	R	O	D	R	A	G	T	I	U	L
A	A	R	R	I	L	L	D	N	I	K	U	D	I	W
I	M	L	A	L	E	F	E	R	G	Y	P	C	E	B
R	O	O	B	D	S	A	X	O	N	W	A	R	S	K
A	R	M	M	E	T	S	V	A	I	C	N	A	R	F
V	F	A	O	G	H	V	C	O	L	I	F	B	E	W
A	O	N	L	A	E	S	N	H	O	T	I	V	G	U
B	H	R	I	R	B	A	D	A	R	T	S	A	F	I
M	U	L	D	D	A	J	P	E	A	E	T	U	R	F
S	J	E	R	C	L	R	O	D	C	S	I	U	O	L
L	N	M	I	D	D	L	E	A	G	E	S	N	F	S

No. 41

S	C	H	I	R	P	Z	T	C	S	R	S	E	U	N
U	A	G	F	A	L	A	N	G	I	S	T	S	T	B
P	R	I	M	O	D	E	R	I	V	E	R	A	E	I
E	L	O	J	J	S	S	H	E	D	I	L	L	A	G
U	I	T	E	R	U	E	L	N	S	F	C	L	U	O
H	S	Q	K	U	A	R	B	I	O	H	E	E	A	F
E	T	D	R	J	A	A	O	N	I	M	R	N	C	M
C	S	R	B	N	D	D	S	T	O	N	J	A	S	P
M	I	A	J	A	N	I	E	H	I	B	B	B	E	K
F	Y	O	J	S	S	A	I	C	J	A	R	A	M	A
D	R	O	K	T	A	S	A	W	L	N	U	C	T	A
T	Z	A	S	W	L	O	U	L	D	Z	N	X	V	Z
F	I	G	N	L	O	T	E	I	R	P	E	I	E	D
O	J	S	Z	C	M	R	X	E	H	R	T	Y	P	T
A	L	X	I	S	O	R	I	E	T	S	E	B	J	T

No. 42

R	C	Y	Z	E	Z	R	H	C	R	A	T	U	L	P
T	H	T	X	J	K	S	E	U	L	A	W	M	S	H
J	S	I	L	O	P	O	R	C	A	N	E	P	I	A
H	A	H	T	M	S	O	P	H	O	C	L	E	S	T
G	R	P	U	V	I	O	M	L	X	P	V	S	R	H
T	O	L	Y	M	P	I	C	G	A	M	E	S	E	E
E	G	E	H	S	D	E	U	R	A	D	O	L	D	N
S	A	D	R	E	D	A	T	O	T	A	L	P	N	S
I	H	D	D	P	R	H	H	K	O	E	Y	Y	A	U
S	T	V	Y	B	E	O	T	A	N	H	M	A	X	E
S	Y	H	L	N	M	H	D	I	T	H	P	P	E	Z
C	P	Y	O	E	E	A	S	O	V	R	I	P	L	L
M	B	N	R	B	Z	T	O	O	T	L	A	E	A	E
I	R	X	E	T	I	C	G	R	E	U	N	P	A	S
P	A	S	O	C	R	A	T	E	S	F	S	V	S	E

No. 43

E	T	U	M	R	D	V	C	A	R	E	T	B	O	R
O	N	I	I	S	E	L	R	A	H	C	H	I	P	A
O	E	R	R	J	Y	S	O	T	L	O	E	S	S	T
N	M	I	J	T	M	I	M	P	N	V	E	H	G	H
F	A	S	K	G	R	E	W	R	S	E	M	O	U	M
E	I	H	R	M	A	G	E	I	R	N	A	P	S	I
D	L	R	O	A	L	E	L	N	E	A	R	S	U	N
E	R	E	U	G	E	O	L	C	I	N	S	W	S	E
R	A	B	N	U	D	F	O	E	L	T	T	A	B	S
A	P	E	D	I	O	D	N	R	A	E	O	R	G	O
T	P	L	H	R	M	U	E	U	V	R	N	S	G	R
E	M	L	E	E	W	B	I	P	A	S	M	Y	S	T
S	U	I	A	S	E	L	L	E	C	B	O	L	D	N
D	R	O	D	U	N	I	L	R	E	R	O	O	M	O
Y	U	N	S	E	D	N	I	T	L	Q	R	U	O	M

No. 44

J	W	T	R	M	Y	G	G	A	T	A	W	C	O	R
E	E	D	A	S	U	R	C	S	E	L	P	O	E	P
R	N	R	N	I	A	A	O	O	U	E	E	N	R	O
U	D	A	T	R	R	L	R	T	T	X	T	S	C	P
S	I	S	I	A	X	P	T	R	O	I	E	T	A	E
A	S	I	O	H	D	M	R	O	N	O	R	A	F	U
L	H	G	C	T	N	E	A	T	I	S	T	N	O	R
E	C	T	H	A	A	T	E	F	C	I	H	T	E	B
M	R	N	N	C	L	S	H	O	O	L	E	I	G	A
E	U	O	I	N	Y	T	N	E	R	O	H	N	E	N
D	S	M	D	S	L	H	O	G	D	P	E	O	I	I
E	A	R	A	B	O	G	I	E	E	I	R	P	S	I
S	D	E	L	O	H	I	L	I	R	R	M	L	T	P
S	E	L	A	P	Y	N	W	S	F	T	I	E	N	R
A	A	C	S	S	R	K	O	C	K	T	T	F	T	H

No. 45

A	L	J	D	N	F	P	U	E	S	O	R	M	A	C
V	E	G	R	O	E	G	P	M	P	N	U	E	X	E
E	F	E	O	I	N	A	G	O	G	E	V	B	A	G
R	U	R	K	S	I	L	E	H	E	V	B	J	P	R
S	B	E	C	S	A	L	V	D	V	E	O	M	P	O
A	A	M	O	E	L	A	O	N	I	S	R	A	E	E
I	L	R	C	R	R	B	S	A	T	N	A	C	A	G
L	D	E	H	P	E	O	O	N	A	I	D	D	S	D
L	W	H	C	E	D	U	P	E	V	T	I	O	E	Y
E	I	T	T	D	M	R	M	M	R	S	O	N	M	O
S	N	O	I	T	A	N	F	O	E	U	G	A	E	L
D	T	R	H	A	H	N	C	W	S	A	R	L	N	L
D	Z	H	R	E	C	W	D	N	N	R	A	D	T	S
B	O	N	A	R	L	A	W	Y	O	B	M	C	U	E
T	U	Q	I	G	X	B	L	A	C	K	P	O	O	L

No. 46

T	I	A	Z	V	Y	G	A	A	W	S	A	A	K	I
C	T	T	S	X	I	P	G	V	E	R	M	E	E	R
I	W	R	N	J	I	R	N	A	V	X	S	L	G	I
U	R	L	E	E	A	O	E	O	K	R	T	J	E	R
A	Q	E	G	S	P	N	U	M	R	T	E	U	S	O
P	U	E	Y	E	F	K	X	T	B	E	R	F	T	L
W	U	G	U	U	R	S	L	A	H	R	D	E	C	K
P	A	H	H	S	K	T	U	I	U	U	A	E	E	W
O	M	W	S	S	U	I	T	O	R	G	M	N	R	B
S	T	A	C	N	J	L	D	V	B	U	C	F	D	B
T	D	T	E	S	O	L	T	W	I	Y	M	E	Q	T
R	K	E	O	H	N	E	W	U	E	E	L	N	A	V
X	T	R	Z	S	V	V	E	R	K	O	L	J	E	K
S	T	S	N	Y	D	E	R	S	A	I	U	K	J	H
E	S	S	I	U	H	N	E	P	P	I	R	T	C	E

No. 47

T	A	N	G	M	E	Y	S	E	O	N	D	E	O	K
B	J	A	S	A	N	N	E	B	O	L	E	Y	N	E
V	C	Y	E	R	G	E	N	A	J	Y	D	A	L	Z
A	L	C	A	I	S	A	T	S	A	N	A	I	E	O
V	V	L	W	E	I	E	R	T	T	S	Z	W	L	I
L	R	E	E	A	J	E	R	B	A	A	D	G	L	V
L	A	O	Z	N	I	B	O	O	B	I	E	N	I	I
F	N	P	T	T	W	U	U	E	T	A	M	A	R	C
S	A	A	P	O	D	J	T	U	A	I	L	E	O	T
S	V	T	W	I	L	H	E	L	M	I	N	A	A	O
V	A	R	C	N	I	T	E	R	A	G	R	A	M	R
R	L	A	S	E	R	E	H	T	A	I	R	A	M	I
B	O	H	A	T	S	H	E	P	S	U	T	S	R	A
U	N	Y	U	T	R	A	U	T	S	Y	R	A	M	P
C	A	T	H	E	R	I	N	E	I	I	R	W	S	A

No. 48

T	J	T	B	M	S	I	R	O	L	Y	A	T	G	C
T	J	R	S	R	D	A	A	A	H	T	M	I	A	R
L	Y	U	T	F	E	U	C	T	R	U	I	B	Z	N
E	A	S	P	C	U	C	I	A	C	F	B	R	O	R
V	W	T	U	R	A	M	K	K	R	O	T	I	W	U
E	H	B	W	F	S	D	R	I	T	V	T	T	I	H
S	G	U	A	[illegible]	[illegible]	A	A	T	N	I	E	N	L	U
O	I	S	L	T	K	R	U	E	B	R	F	R	S	G
O	H	T	D	E	Z	E	A	I	T	K	I	P	O	H
R	E	I	R	A	L	V	H	G	R	S	W	D	N	E
G	I	N	Y	E	M	O	W	N	E	D	L	V	G	S
S	X	G	Z	V	R	A	D	D	A	M	S	O	U	E
R	I	R	A	P	B	R	Y	A	N	P	A	F	V	I
P	D	F	T	T	A	C	N	A	M	P	A	H	C	A
T	F	A	T	H	T	R	I	A	L	C	N	I	S	U

Solutions

No. 49

```
A K B A R E O T H E T O T B T
S N E D R A G R A M I L A H S
E P N F T F H E U N Q D P T T
A B G I M O T I M A S J I D M
E J A H A N G I R H E R N I V
Z L L B A R A K A T R A A L A
L T S L U Y N H T A T A P A F
P R U T R R I G M A L A F H I
O O B H U M A Y A N O S O A L
Z L A H O R E E M P I R E M A
K Y H S H A H J A H A N L J K
C T Q J A N T A R M A N T A R
P U I Z A E R E D F O R T T A
E I R K I S R U P H E T A F N
A Z A W R A D D N A L U B T A
```

No. 50

```
L A P R T A H P E T J S Q T K
L R O M X M U S J U R B A N O
E E S Y L O H T O M R L I E P
P V A T I C A N M U S E U M S
A E I Y A S J I U E P F C E P
H Q H S T P E T E R S M Y L I
C U S R S I C N A R F J P C U
E C A L A P C I L O T S O P A
N B G P R E D N A X E L A H D
I T S R H A A P A T S M U H N
T C I D E N E B P C U U O A A
S Y X M S G H R D X I U I R P
I T T P L E O U V S L T K P R
S A U C N A I R D A U P A J U
V E S S P K M I Y O J S Q V L
```

Made in the USA
San Bernardino, CA
17 December 2019